KB266121

**복 있는 사람**

오직 여호와의 율법을 즐거워하여 그 율법을 주야로 묵상하는 자로다.
저는 시냇가에 심은 나무가 시절을 좇아 과실을 맺으며 그 잎사귀가 마르지 아니함 같으니
그 행사가 다 형통하리로다. (시편 1:2-3)

오늘날 교회에서 전해지는 설교는 왜 아무런 변화와 생명의 사건을 불러일으키지 못하는가. 어째서 신자들의 설렘과 기대를 잃어버리게 되었는가. 저자는 설교자가 하나님 말씀의 능력에 대한 신뢰를 잃어버린 데 근본 원인이 있다고 지적하며 그 엄중한 책임을 일깨운다. 설교가 성령의 역사하심으로 말미암아 죄와 사망의 세력에 사로잡힌 이들을 해방하고 변혁시키는 하나님의 능력이 임하는 말씀의 사건이 되어야 하는데, 아무 일도 일어나지 않고 있다는 것이다. 어디서부터 잘못된 것인가.

　　무엇보다 저자는 설교가 하나님을 전하지 못하고 인간의 위로와 자기실현, 경건을 말하는 것으로 전락했다고 지적한다. 설교자는 이런 시류에 저항하여 사람들이 듣고 싶은 것이 아니라 반드시 들어야 할 하나님의 말씀을 선포함으로써 거부당할 가능성을 마주할 용기와 담대함이 있어야 한다. 동시에 설교 사역은 궁극적으로 사람들을 사로잡고 있는 어둠의 영과 정사와 권세와의 우주적인 대결이기에, 설교자는 혈과 육의 모든 노력과 힘이 무익함을 절감하며 급진적 겸손으로 하나님의 능력만을 의지해야 한다고 저자는 역설한다. 좌우에 날 선 검보다 더 예리한 주님의 말씀이 누구보다 먼저 자신을 치는 역사를 체험하는 설교자, 그로써 부단히 새로워지는 설교자만이 오순절 베드로처럼 하늘의 불을 품고 살아 있는 말씀을 전한다는 것이다. 이 짧지만 강력한 책은 안일한 설교자의 정신을 일깨워, 다시금 복음의 능력이 임하기를 처절히 부르짖게 한다.

**박영돈**, 고려신학대학원 교의학 명예교수

미국 성공회 최초의 여성 사제 중 한 사람인 저자는 학자적 설교자이자 '설교자들의 설교자'로 존경받고 있다. 이 강연에서 저자는 '말씀으로 일하시는 하나님'이라는 대전제 위에 서서 '그리스도 케리그마'로서의 설교의 본질을 강력하게 논증한다. 보수 진영의 강단에서는 설교가 프로파간다로 변질되고, 진보 진영의 강단에서는 듣기 좋은 이야기로 전락한 현실을 안타까워하면서, 하나님의 말씀이 온전히 선포될 때 그 말씀 자체가 살아 역사한다는 확신을 가지라고 외친다. 저자의 글을 읽는 동안 설교자로서의 소명이 새롭게 일깨워지고 더욱 신실하게 말씀을 섬겨야겠다는 열망이 일었다. 말씀을 섬기는 자리에 선 이들 모두에게 일독을 권한다. 특히 설교 사역에 대한 확신과 열정이 식고 있다고 느끼는 이들에게 꼭 권하고 싶은 책이다.

**김영봉**, 와싱톤사귐의교회 담임목사


설교가 무엇인지 되새겨 주는 이 책은 간결하지만 심오하다! 말씀이신 그리스도의 활동, 인간의 소통이라는 사건, 시대의 전환기에 있는 교회를 향해 교회의 참모습을 되찾으라는 절박한 호소와 더불어, 겉으로 나타나는 모습은 다양하지만 결국 주류 교회에서든 복음주의 교회에서든 그 모든 것을 아우르는 것은 설교임을 강조한다. 그러나 더 중요한 것은, 포스트모던의 목소리와 씨름하는 저자가 굳건하게 성서와 성서에 극적으로 계시된 그리스도를 향해 나아간다는 점이다. 이 책은 우리가 생각하는 것보다 훨씬 더 혼란에 빠져 있는 교회와 설교 강단에 매우 중요한 메시지를 전하고 있다. 준엄한 도전과 은혜로운 격려가 이 한 권에 밀도 있게 담겨 있다.

**조지 섬너**, 미국 성공회 댈러스 교구 주교

저자는 이 책에서 설교의 실제와 관련하여 평생 지속해 온 자신의 신학적 성찰을 핵심적으로 제시한다. 저자는 종교를 가르치는 방식부터 모더니즘과 포스트모더니즘의 유산에 이르기까지, 이 시대 많은 교회들에서 이루어지는 설교를 형성한 뿌리 깊은 경향들을 능숙하게 논한다. 아울러 인간 증인을 통해 능력 있는 말씀을 들려주겠다고 약속하신 하나님을 신뢰하도록 독려한다. 이 책은 용기를 잃어버린 설교자들을 위한 값진 선물이다.

**앤젤라 행콕**, 피츠버그 신학교 학술 부총장 겸 학장

저자의 독보적인 음성과 확고한 관점은 설교자들이 성서에 깊이 닻을 내리도록 돕는다. 그 안에서 피어난 뜨거운 강해와 헌신은 '그때 그곳'의 말씀을 '지금 이곳'의 사건으로 생생하게 되살려 낸다. 성서의 계시와 이 시대의 인간 상황을 바라보는 저자의 견해가 유일무이하다고 칭송하는 것은 결코 과장이 아니다. 언제나 신선하고 독창적인 저자의 선포는, 시간을 초월하면서도 시대

상황에 부합한다는 점에서 분명 크리소스토무스부터 매클래런에 이르는 교회의 위대한 강해자들과 같은 반열에 있다. C. S. 루이스가 『순전한 기독교』에서 그의 시대를 향해 말하며 교회가 시대를 초월해 믿는 위대한 진리들을 받아들였다면, 저자는 우리를 시간과 상황의 시험을 견뎌 내는 순전한 강해로 데려간다.

**조엘 그레고리, 베일러 대학교 트루엣 신학대학원 설교학 명예교수**

말씀이
일하시니

Fleming Rutledge

# By The Word Worked

: Encountering the Power of Biblical Preaching

# 말씀이
# 일하시니

플레밍 러틀리지 지음

박규태 옮김

복 있는 사람

# 말씀이 일하시니

2026년 2월 13일 초판1쇄 인쇄
2026년 2월 25일 초판1쇄 발행

지은이 플레밍 러틀리지
옮긴이 박규태
펴낸이 박종현

(주) 복 있는 사람
주소 서울특별시 마포구 연남동 246-21(성미산로23길 26-6)
전화 02-723-7183(편집), 7734(영업·마케팅)
팩스 02-723-7184
이메일 hismessage@naver.com
등록 1998년 1월 19일 제1-2280호

ISBN 979-11-7083-326-0 03230

*By the Word Worked*
by Fleming Rutledge

Copyright ⓒ 2024 by Baylor University Press
Originally published in English as *By the Word Worked: Encountering the Power of Biblical Preaching* by Baylor University Press, Waco, Texas 76798, U.S.A.

This Korean translation edition ⓒ 2026 by The Blessed People Publishing Inc., Seoul, Republic of Korea.
All Rights Reserved. Authorized translation from the English language edition published by Baylor University Press, by arrangement through rMaeng2, Seoul, Republic of Korea.

이 한국어판의 저작권은 알맹2를 통하여 Baylor University Press와 독점 계약한 (주) 복 있는 사람에 있습니다. 신저작권법에 의하여 한국 내에서 보호받는 저작물이므로 무단 전재와 무단 복제를 금합니다.

차례

일러두기

- 이 책은 플레밍 러틀리지가 2019년 '트루엣 파치먼 강좌'(Truett Parchman Lecture)에서 강연한 내용을 기초로 하고 있다. 미국 베일러 대학교 트루엣 신학대학원은 세계적으로 저명한 신학자들을 매해 초청해 '트루엣 파치먼 강좌'를 열고 있다. 1999년, 위르겐 몰트만을 시작으로 톰 라이트, 존 폴킹혼, 월터 브루그만, 유진 피터슨, 후스토 곤잘레스, 리처드 보컴, 리처드 마우, 알리스터 맥그래스, 제임스 K. A. 스미스 등이 이 강좌에 연사로 참여했다.
- 이 책의 성서 본문은 저자가 인용한 영역본의 뜻을 살려 옮긴이가 번역한 것이다. 저자가 영역본의 출처를 밝힌 경우 별도로 표기했다.
- 숫자로 표시한 주는 원서의 주이고, * 표시한 주는 옮긴이 주다.

# 들어가는 말

마르틴 루터는 이렇게 썼습니다. "복음은 글로 쓰인 무엇이 아니라, 입으로 전해지는 말이어야 한다." 복음은 선포된 하나님 말씀으로서, 먼저 그리스도와 그분의 사도들의 입으로 전해진 말씀을 들은 이들 속에서 믿음과 순종을 불러일으켰고, 뒤이어 성서라는 기록된 말씀으로 존재하게 되었다는 뜻입니다.[1]

루터는 다른 저서에서 이 선포된 하나님 말씀의 능력과 그 말씀이 담고 있는 유일한 내용에 관해 이렇게 말했습니다. "이 말씀은 그분의 아들에 관한 하나님의 복음이다. 그분의 아들은 육신으로 오셔서, 고난받으시고 죽은 자 가운데서 부활하셨으며, 거룩하게 하시는 영(the Spirit)으로 말미암아 영광을 받으셨다. 그리스도를 설교한다는 것은, 그 설교를 듣는 이가 전해진 설교를 믿는다는 전제 아래 그 영혼을 먹이고 의롭게 하며, 자유롭게 해주고 구원함을 의미한다."[2] 따라서 설교는 글로 기록된 말씀에 기초하고 있으며, 설교와 글로 기록된 말씀은 모두 육신으로 오셔서 십자가에 못 박혀 돌아가신 후 부활하신 그분을 증언하는 것입니다.

파치먼 강좌에서 플레밍 러틀리지를 연사로 한 강연이 2019년 트루엣 신학대학원에서 처음 열렸습니다. 앞서 언급한 종교개혁 전통에 서 있는 이 강연에서 러틀리지는 선포된 하나님 말씀의 능력을 웅변했습니다. 미국 성공회 사제인 러틀리지는 스물두 해를 교구 사역자로 보내면서, 전 세계에서 설교하고 가르치는 소명을 따라 많은 일을 감당해 왔습니다. 강연에서 그녀는 설교와 관련해 자신이 알고 있는 바를 유감없이 풀어냈습니다. 하나님 말씀인 그리스도를 선포하는 설교, 예언자들과 사도들이 남겨 놓은 성서 말씀에 기초한 설교, 성령의 능력을 힘입어 복음의 메시지를 전하는 설교, 십자가의 말씀을 교회와 세상에 선포하는 설교가 그것입니다. 이 선포된 말씀은 분명 미련해 보이는 메시지 안에 감춰져 있는 하나님의 참된 지혜입니다(고전 1:21-25). 이러한 복음 선포가 바로 인간의 말로 전하는 하나님 말씀 자체입니다. 제2차 스위스 신앙고백이 강조하는 유명한 선언처럼 "하나님 말씀으로 전하는 설교가 곧 하나님 말씀"이기 때문입니다. 러틀리지는 설교에서 하나님의 능력이 마치 무대가 펼쳐지듯 생생히 실증된다는 것이 교회의 교리적 확신일 뿐만 아니라, 자신과 다른 이들의 설교에서 목격한 바임을 고백합니다.

저는 러틀리지를 여러 해 전 프린스턴에서 열린 한 콘퍼런스에서 처음 만났습니다. 그녀가 거기서 전한 설교에 깊은 감명을 받았고, 그 여운이 지금도 남아 있습니다. 요한복음에 있는 하나님 말씀을 주제로 삼은 설교였는데, 저는 그 설교를 단순히 불꽃과 같은 한 성공회 사제의 말이 아닌 그 이상의 것으로 들었습니다. 저를 압도한 것은 그 설교가 가리키는 바, 실로 그 설교가 생생하게 표현한 복음이었습니다. 물론 저는 콘퍼런스에서 러틀리지와 대화하면서 그녀의 위트와 기품은 물론, 깊은 지성과 수사적인 능력도 경험했습니다. 하지만 정작 깊은 감명을 받은 것은 그녀의 설교 자체였습니다.

콘퍼런스 설교를 마친 후, 러틀리지는 한 워크숍을 인

도했습니다. 거기서 그녀는 허다한 산상변모 주인 설교가,
제자들이 이 세상에서 경험할 수 없는 그리스도의 휘황함
을 목격한 순간의 심리, 그 순간에 가졌을 법한 감정과 인
상을 추측하며 탐구하는 데 몰두한다는 사실에 슬픔을 드
러냈습니다. 러틀리지가 그때 한 말을 가볍게 바꿔 말하면
이렇습니다. "저는 베드로에 관한 것을 듣고 싶지 않습니
다.……제가 듣고 싶은 것은 '하나님'에 관한 것입니다."
그녀는 이 짧은 말로 설교의 가장 위대한 신비를 신실히
증언했습니다. 하나님이 설교의 주제 자체이며, 하나님 자
신이 설교에서 그분의 사자의 음성을 통해 말씀하신다는
것입니다.

러틀리지가 한 설교들(그녀가 많은 교회들에서 전한 설교와
출간된 설교집들에서 발견할 수 있는)을 살펴보면서 깊은 감명을
받는 이유는, 그 설교들이 하나같이 내면의 자아를 찾아가
는 미로에 빠지지 않고 우리 자신의 외부에서 우리와 정면
으로 대면하는 복음을 오롯이 가리킨다는 점입니다. 신학
자 칼 바르트는 마르틴 루터가 지은 찬송들을 다음과 같은
말로 칭송했습니다. "루터의 찬송들에는 서정시의 특질이
전혀 없다." 즉 "주어(찬송을 부르는 하나님 백성)의 감정을" 전

혀 강조하지 않습니다. "우리는 이 찬송들에서 자기 자신에게 푹 빠진 하나님의 자녀나 하나님의 교회를 한 번도 발견하지 못한다. 오직 언제나 하나님과 그분이 하신 일을 인정하며 찬미하는 하나님의 자녀나 하나님의 교회를 발견할 뿐이다."[3] 바르트는 **참으로** 그 찬송들을 **칭송했습니다**. 그렇듯 이 강연은 자기 칭송 없이 오로지 성서를 전하는 설교에 대한 칭송만을 되울려 줍니다.

오늘날 많은 사람들에게는 이와 같은 칭송이 그저 비판으로 들릴 수 있습니다. 신학자 폴 잘은 어느 시대든, 교회론 그리고 교회 자체에 지나치게 초점을 맞춘 시대는 분명 퇴폐하고 쇠퇴한다고 말했습니다. 이것이 사실이라면, 선포된 믿음의 중심이 공동체로서의 그리스도인 정체성에서 그리스도인 개개인의 정체성으로, 또 우리 개인의 경험으로 바뀐 것은 더더욱 퇴폐요 쇠퇴일 것입니다. 21세기 초 수십 년 동안 퇴폐하고 쇠퇴하는 설교, 곧 자아의 감미로운 특질들에 사로잡힌 설교, 자아를 드러내는 이야기를 사랑하는 데(그리고 지나치게 사용하는 데) 푹 빠진 설교, 목회자와 개인의 진정성을 드러내는 형태 가운데 의심이 유일하게 받아들일 수 있는 형태임을 과시하는 데 거의 중독되

어 있는 설교, 회중은 이런 과시를 기꺼이 훔쳐보는 역할
을 하는 설교가 드물지 않은 것이 되었다고 말해도 딱히
거슬리지 않을 것입니다. 이와 같은 설교가 강단을 지배하
면, 마음(정신)의 생각에 호소하지 않고 오로지 감정에만
호소하며, 종종 그런 생각 가운데서도 가장 원초적이고 감
상적인 것에만 호소하는 설교 기능만이 남습니다.

이런 자기 탐닉에 비춰 볼 때 러틀리지는 아주 다른 시
대의 설교자입니다. 이 시대 설교자들과 완전히 다른 설교
자, 바울의 말을 빌려 말하면 시대들의 끝에 다다른 시대에
속한 설교자(고전 10:11), 복음을 예언자처럼 이 시대에 맞게
말하는 설교자처럼 보입니다. 그녀는 바울이 고린도 사람
들에게 천명한 "우리는 우리 자신을 설교하지 않고 예수 그
리스도가 주이심을 설교한다"(고후 4:5)는 말씀이 무슨 의미
인지 알고 있습니다. 이 구절은 모든 설교자의 서재 문설주
에 깊이 새겨 두어야 할, 어쩌면 집의 거울 위에도 적어 두
어야 할 말씀일지 모릅니다. 이 증언 자체가 복음은 아니지
만, 복음을 올바로 선포하는 데 필요한 동력입니다.

러틀리지는 설교에서도 복음을 확고하게 가리키지만,
설교에 관한 강연이나 글에서도 이런 증언—"우리는 우리

자신을 설교하지 않는다"—을 가리킵니다. 그녀는 이런 확신을 지치지 않고 증언합니다. 이 증언은 수치스러운(scandalous, 우리를 걸려 넘어지게 하는) 복음이라는 모나고 날카로운 실체에 관한 그녀의 선포와 온전히 궤를 같이합니다. 이 복음은 우리 자신의 믿음과 순종을 불러일으키고, 진실하며 솔직한 자기평가와 본연의 자존심을 요구합니다. 이 복음은 자아실현의 복음이 아니라 그리스도에 관한 복음, 십자가에 못 박히신 그분에 관한 복음, 그리스도와 더불어 하나님 안에 감춰진 우리 생명에 관한(골 3:3) 복음입니다. 러틀리지는 그 복음을 부끄러워하지 않습니다. 그 복음이 바로 우리를 구원하시려는 하나님의 능력이며, 우리에게 생명을 가져다주는 말씀이기 때문입니다.

킴린 벤더*

---

* 베일러 대학교 트루엣 신학대학원 기독교 신학 및 윤리학 교수이자 이 책의 편집자

# 첫 번째 강연

## 역사하는

## 말씀으로

## 말미암아

역사를 초월하여 존재하는 실체인 보편적 기독교회는 하나님의 완성된 사역에 속합니다. 이는 신앙고백 조문 가운데 하나인데, 이 "악한 현세에"(갈 1:4)―사도 바울은 이 땅에서 살아가는 우리의 실존을 그렇게 부릅니다―교회가 명백히 불완전하기 때문이며, 더 중요한 것은 교회가 귀신을 추종하면서 교회를 잠식하는 대적의 힘에 매우 취약하기 때문입니다. 플래너리 오코너는 그 대적을 "그저 악 일반이 아니라 그 자신의 우월성을 완고하게 고집하는 악한 지성"이라고 정의합니다.¹ 이것이 이 마멸(磨滅)의 시대에 모든 주류 교회에서 일어나는 일이라면, 사분오열된 신학의 차이점들은 이를테면 마귀의 작품이며, 그렇게 갈라져 있는 신학들의 근본적 강조점을 희생시켜서라도 그 차이점들은 피해야 한다고 충분히 생각할 만합니다.

이 강연에서는 제가 더욱 전투적인 길을 택했다는 것이 분명하게 드러날 것입니다. 저는 성서, 곧 구약과 신약이 진실로 하나님의 숨이 스민(God-breathed) 책이며, 그리스도의 신부인 교회가 그 자신과 소명을 인식하고 주님이 종국에는 승리하실 것을 믿을 때, 그 생명의 피로서 의지할 수 있는 것이 성서라는 개혁파의 확신(Reformed convic-

          첫 번째 강연: 역사하는 말씀으로 말미암아

tion)을 토대로 사역하고 있습니다.[2] 섯서 오용은 사탄에게서 비롯되었으며, 그 나라가 임하기까지 교회를 계속 괴롭힐 것입니다. 하지만 우리 시대에 하나님 말씀에 담긴 그분의 계시는 온갖 저항에도 불구하고 전진하고 있습니다. 따라서 이어질 세 강연은 하나님 말씀에 관한 교리, 그리고 교회 안에서 계속 이어지는 말씀의 선포가 생명 자체라는 확신을 기초로 삼을 것입니다.

이 때문에 이 세 강연의 주제가 전부 설교인 것처럼 보이기도 할 것입니다. 모든 독자가 설교자는 아니겠습니다만, 제 강연이 본래 훈련 과정에 있는 설교자와 설교 경청자로 구성된 청중을 대상으로 한 것임을 밝힙니다. 그렇지만 모든 그리스도인에게 전하고자 하는 무언가가 이 안에 들어 있음을 독자들이 알 수 있기를 소망합니다. 평신도든 성직자든, 모든 신자에게 교회의 설교는 중차대한 문제입니다. 사실 설교는 사느냐 죽느냐 하는 문제입니다. 저는 세 번째 강연에서 제 말이 무슨 의미인지를 액면 그대로 보여주려고 합니다.

복음 설교는 한 사람이 다른 한 무리 사람들에게 펼쳐 보이는 퍼포먼스 따위가 아닙니다. 설교는 하나의 작품입니다. 회중과 설교자는 함께 그 작품에 적극 참여합니다. 그 때문에 책으로 출간된 설교들은 언제나 차선(次善)입니다. 어떤 설교를 실제로 행하면, 설교자와 그 설교를 듣는 이들 사이에는 일종의 연금술이 일어납니다. 이 연금술은 예측할 수도 없고 억지로 만들어 낼 수도 없습니다. 어떤 때는 일어나기도 하지만, 어떤 때는 일어나지 않기도 합니다. 그것은 사람의 손을 벗어난 일이기 때문입니다.

성령은 그 자신이 불고자 하는 곳에만 붑니다. 같은 목사가 매주 같은 회중에게 설교할지라도, 그 목사가 한 주 한 주 말씀으로 새로워지고 또 새로워지면 성령이 부는 일이 일어날 가능성이 아주 높습니다. 그런 일이 일어나면 회중과 목사는 상호 헌신을 이어 가는 가운데 설교라는 작품을 공유하게 되고, 그 작품이 하나님이 뜻하시는 대로 작용하면서 서로 사랑함이 이루어질 것입니다.

저는 강연 자리에 있던 설교자들과 설교를 듣는 이들에게 이 점을 강조했습니다. 이제는 그런 강조점에 더하여 책으로 출간된 이 강연을 읽게 될 지역 회중을 대상으로 한 가지 걱정을 하고 있습니다. 저는 주류 교회 안에서 활동하고 있습니다. 그리고 이런 말을 하면 놀라는 분이 많

　　　　　첫 번째 강연: 역사하는 말씀으로 말미암아

겠지만, 제 글은 로마 가톨릭 신자들에게도 호소력을 발휘하는 것 같습니다. 하지만 제 생각에 주류 교회 안에서는 회중 가운데 소수만 제 글을 읽는 듯합니다. 저의 더 큰 청중 내지 더 많은 독자는 특정 교파에 속하지 않은 회중, 기존 교파에서 이탈한 교파들, 그리고 이른바 복음주의 교회들에 있는 것 같습니다.

이는 제가 침례교의 영향을 받은 이 특별한 청중에게 말하는 방식에 한 가지 문제를 불러일으킵니다. 제가 말하는 핵심은 주류의 의견입니다만, 저는 주류 안에서도 장로교 신자 가운데서조차 점점 약해지고 있는 개혁파 전통의 견해를 대변하고 있습니다. 하기는 미국 성공회 신자 가운데서도 개혁파 전통의 견해가 점점 약해지고 있습니다. 잉글랜드 성공회가 종교개혁 때 처음부터 관심을 끌려고 다른 교파들과 경쟁하며 강한 개혁파 노선을 취했다는 것을 이해하는 미국 성공회 신자는 오늘날 거의 없으니까요. 저는 성인으로 살아오는 내내 주류와 성공회 내부의 개혁파 전통이 충돌하는 그런 단층선 위에서 일해 왔습니다. 말하자면, 여기가 바로 제가 서 있는 곳이지요.

저는 그저 설교에 관해 우리가 익히 아는 관념, 곧 설교를 듣는 이들과 설교자들로 이루어진 회중이 함께 일하고 있다는 관념을 언급했습니다. 정말 그렇습니다. 그러나 이런 관념의 두 번째 부분은 오류입니다. 설교자들과 설교를 듣는 이들은 연기를 펼치는 배우이며, 관객은 어떤 열매가 나오는지 지켜보시는 하나님이라는 생각이 바로 그 두 번째 부분입니다. 또 다른 그릇된 관념이 있습니다. 제가 한 주에 한 번은 듣는 것 같은데요. 성 프란체스코가 했다는 말이 그것입니다. "항상 복음을 전하되 필요하면 말을 사용하라." 프란체스코는 이 말을 한 적이 없는데, 사람들은 마치 성서처럼 인용합니다. 우리는 이 말 뒤에 자리한 생각을 이해합니다. 성령의 열매(갈 5:22-23) 없이 설교하는 복음은 복음이 아닐 것입니다. 그러나 이처럼 말이 중요하지 않다 하여 성급히 무시해 버리는 태도는 고개를 들 때마다 철저히 타파해야 할 것입니다. 이런 모습은 성서가 하나님을 하나님의 말씀과 동일하게 여기는, 아주 긴요한 부분을 철저히 내버리는 결과로 이어지기 때문입니다. 우리 하나님은 말씀의 하나님이요, 자기 이름을 밝히며 그분 자신을 우리에게 풍성히 전해 주시는 하나님이기 때문입니다.

하나님은 우리를 위해 그분이 목적을 이루시려고 우리에게 말씀하시는 분입니다. 하나님 말씀의 궁극적 표현이 곧 하나님의 아들입니다. 그 아들은 이 땅에서 가르침을 통해 아버지를 계시하며 온 생애를 보내셨습니다. 물론 예수께서 그 활동으로도 하나님을 계시하신 것은 사실입니다(요한은 예수의 그런 활동을 그분의 "표적"이라 부릅니다). 그러나 예수의 표적이 말하는 것은 표적 자체가 아닙니다. 그 표적은 계시의 말씀, 예수가 누구이시며 그분이 왜 그런 일을 행하시는지를 계시하는 말씀과 함께 옵니다.

사람들이 많이 아는 누가복음의 한 본문을 살펴보겠습니다. 예수는 가버나움 회당에서 사역을 시작하십니다. 그때 예수는 이사야 예언자가 하나님 나라의 표지(포로들이 풀려나고, 눈먼 자들이 다시 보며, 억압받는 이들이 구원받는다. 눅 4:16-19)를 정의하는 이사야서 본문을 읽으십니다. 거기까지는 괜찮았습니다. 그러나 그분은 거기서 멈추지 않고, 이어서 이렇게 말씀하십니다. "오늘 성서의 이 말씀이 너희가 듣는 가운데 이루어졌다"(눅 4:21). 그분은 이 말씀으로써 자신이 바로 사람들이 오랫동안 기다려 온 메시아요, 하나님의 통치를 시작할 이임을 공표하십니다. 군중은 이 사람이 그들이 동네 아이로 알던 사람이며 목수 요셉의 아들임을 알아차리고, 그분이 어림도 없는 주장을 하고 있다고 생각합니다. 예수의 말씀은 처음에는 은혜롭게 들리지만, 결국 그들의 마음을 긁고 맙니다. 히브리서가 가르치듯이, "하나님의 말씀은 살아 움직이고 양날이 선 칼보다 날카로워, 혼과 영과 관절과 골수를 찔러 쪼개고 마음의 생각과 의도를 밝혀낸다"(히 4:12, ESV). 여러분, 아주 무서운 말씀 아닌가요? 그러나 바로 그 양날이 선 하나님의 말씀이 나사렛 예수 **안에서 말씀하시고**, 실제로 이 땅에 오셔서 우리 가운데 거하는 말씀이신 그분 **안에서 육체가 되셨습니다.** 그것이 누가복음 본문의 머릿돌입니다.

성서의 첫 말씀인 창세기 첫머리를 귀 기울여 들어보십시오.

태초에 하나님이 하늘과 땅을 창조하셨다. 땅은 형태가 없고 텅 비어 있었으며, 어둠이 깊음의 표면 위에 있었다. 하나님의 영은 물들의 표면 위에서 움직이고 있었다. 그리고 하나님이 말씀하시기를, 빛이 있으라 하시니 빛이 있었다(창 1:1-3, KJV).

그리스도인이이 하나님에 관해 믿는 것 한 가지는 세 단어로 서술됩니다. "그리고 하나님이 말씀하시기를……"(And God said……). 그것이 없으면, 이야기도 없고 복음도 없습니다. 하나님은 말씀으로 우주를 창조하셨습니다. 하나님은 모세에게 말씀하심으로 한 백성을 존재하게 하셨습니다. 하나님은 예언자들에게 말할 사명, 하나님의 목소리가 될 사명을 주셨습니다. 우리는 히브리서를 여는 말에서 이런 말씀을 읽습니다.

> 오래전에 하나님이 예언자들을 통해 많고 다양한
> 방식으로 우리 조상들에게 말씀하셨으나, 이 마지막
> 날들에는 **그가 한 아들을 통해 우리에게 말씀하셨으니,**
> 그 아들은 그가 만물의 상속자로 세우신 이요, 그가
> 그 아들을 통해 세계들을 창조하셨다. [그 아들은]
> 하나님의 영광을 비추는 광채시요 하나님의 존재 자체를
> 그대로 새겨 넣으신 분이며, **권능 있는 말씀으로** 만물을
> 붙드시는 분이다(히 1:1-3, 저자 강조).

예수 그리스도는 그분의 능력의 말씀으로 우주를 지

탱하십니다. 저는 오늘날 교회에 다니는 많은 선량한 사람들이 이를 온전히 받아들이지 않고 있다고 생각합니다. 구약과 신약 성서의 하나님이 지닌 독특한 모습, 어느 종교에서도 발견할 수 없는 모습이 하나님 말씀의 중심성입니다. "능력 있는 말씀"인 하나님의 말씀이 다른 모든 것의 기초입니다. 에덴 동산에서 일어난 타락 뒤에 우리가 구속받은 이야기는 이렇게 시작됩니다. "이제 주가 아브람[아브라함]에게 말씀하셨다"(창 12:1). 이제는 더 이상 이 행함의 복음을, 말씀을 단순히 옵션처럼 붙여 놓은 것처럼 듣지 맙시다. 히브리서는 다시 이렇게 말합니다. "너희는 부디 **말씀하시는 그분을 거부하지 말라**"(히 12:25, ESV, 저자 강조). 하나님을 **말씀하시는** 분이라 지칭한 것에 주목하십시오.

지난 30년 동안 제 설교 사역은 저를 여러 다양한 교파의 강단으로 이끌었습니다. 더욱이 지금까지 저는 설교 강단에 서기보다는, 다양한 곳에서 설교를 듣는 장의자에 훨씬 많이 앉아 있었습니다. 여기저기 두루 다니는 동안 저는 하나님 말씀에 관한 성서의 가르침을 깨닫지 못하는 회중이 대다수인 것 같다는 인상을 받았습니다. 회중은 설교에서 삶을 바꿔 놓는 어떤 것을 기대하지 않았습니다. 설교

때문에 두근거리며 흥분하는 것도 없고, 설교를 기대하는 마음도 없었습니다. 미국 성공회를 봐도, 사람들을 계속 교회에 오게 만드는 것은 전례와 성찬례입니다.

물론 늘 그랬던 것은 아닙니다. 저는 14년 동안 뉴욕에 있는 한 미국 성공회 교회에서 설교했는데, 그 교회는 정반대였습니다. 사람들, 주로 젊은 사람들이 하나님 말씀이라는 사건을 기대하고 교회에 왔습니다. 그들이 말씀이라는 사건이 실제로 일어나고 있음을 깨닫자, 서로가 서로를 발견하는 사건도 뒤따라 일어났습니다. 이런 종류의 시너지가 일어나는 분위기에서 설교하고 나면, 그보다 못한 것에는 만족하지 못하게 됩니다.[3] 이와 같은 기대는 우리 설교자들을 늘 신선하게 만들어 줍니다. 이런 기대는 회중의 작품이며, 주일마다 흥분을 불러일으킬 것입니다. 설교자에게는 그것이 늘 정신을 번쩍 들게 하고 심지어 두렵기까지 한 책임입니다. 그러나 여러분을 이끌고 지탱하는 것은, 하나님의 살아 있는 말씀을 전하는 그릇으로 쓰시겠다는 그분의 약속입니다.

저의 이 세 강연 전체를 아우르는 테마는 '역사하는 말씀으로 말미암아'(by the work worked)로, 고전 신학의 가르침에서 빌려 온 말입니다. 신학생과 성직자는 필시 *ex opere operato* (by the work worked)*라는 라틴어 문구를 알 것입니다. 이것은 성직자가 세례와 주의 만찬이라는 성사**를 행하기에 적합한지를 따지는 논쟁을 가리킵니다. 성사를 집전하는 사제가 '악랄한 죄'에 빠져 있다고 상상해 보십시오. 그런 경우에는 그가 집전하는 성사의 효력이 없어질까요? 그가 행한 세례는 무효일까요? 로마 가톨릭교회는 반(反)종교개혁 공의회인 트리엔트 공의회 때 이렇게 행해진 성사도 유효하다고 결정했습니다. 성사 자체는 하나님에게서 나왔기 때문에, 성사를 집전하는 사람의 자격 없음을 무효로 만들 힘이 있습니다. 그것이 '행해진 행위로 말미암아'를 의미하는 *ex opere operato* 입니다.

---

* '행해진 행위로 말미암아'로 번역할 수 있으며, 교회가 그 뜻에 따라 성사를 행하면 성사 집전자가 그 성사를 행하기에 적합한지 여부와 상관없이 성사 자체로 말미암아 은총이 성사 참여자에게 전해진다는 주장이다. 우리말로는 '사효론'(事效論)이라고 번역한다.

** 성공회와 가톨릭은 '성사'라 하고, 장로교를 비롯한 일부 개신교 교파는 '성례'라 한다. 이 책에서는 저자가 미국 성공회 사제임을 고려하여 '성사'로 번역했다.

저는 거기에서 출발해 '역사하는 말씀으로 말미암아' 라는 테마를 고안했습니다. 이 말을 굳이 라틴어로 옮기지 않더라도, 영어 표현 자체만으로 우리는 성서의 참된 저자가 누구인지 곧바로 깨닫게 됩니다. 나아가 하나님의 은혜를 힘입어 사도적 설교의 권위를 이어받은 이들이 전하는 말씀의 의미를 반추해 볼 수 있는 빠른 길을 발견합니다. 참된 복음 설교에서 유능한 중개자는 설교자나 설교를 경청하는 이가 아닙니다. 설교자와 회중이 복음의 차원에서 상호 작용할 때 상승 작용을 일으키는 에너지도 그런 중개자가 아닙니다. 설교자가 성령의 인도를 따라 하나님이 뜻하시는 결과를 낳는 말씀을 전할 때, 기록된 텍스트 안에 거하시면서 그것이 '살아 움직이게 하는' 분은 하나님이십니다. 하나님이 설교자에게 주시는 가장 귀중한 선물은 성령이 교회들에게 하시는 말씀을 들을(계 2:11) 귀를 가진 경청자입니다. 이를 이해하여 주일마다 하나님이 살아 움직이신다는 것을 보여주는 표지로서, 말씀을 향한 간절한 열심이 있는 회중에 속한 이들은 복이 있습니다.

✦　✦　✦

제가 지금까지 말한 것은 '역사하는 말씀으로 말미암아'라는 테마의 도입부이자, 하나님 말씀과 그 말씀이 교회의 설교에서 행하는 역할에 관한 성서의 가르침을 제시하는 것입니다. 이제 저는 제가 많은 교회들, 심지어 스스로 복음에 충실한 회중이라 부르며 목사의 설교를 자랑하는 교회에서도 때로 목격하는 '설교의 황폐한 사막' 위에, 건설적인 무언가를 세우려는 시도를 시작해 보겠습니다. 저는 강연 내내 그 기초를 세우는 데 힘써 보려 합니다. 먼저 말씀드릴 것이 세 가지 있습니다.

첫째, 오늘날 미국 종교의 가르침에 존재하는 불행한 네 흐름, 특히 강단에 심각한 영향을 미친 흐름들을 살펴보겠습니다. 그런 다음 각 동향에 관해 짤막하게 논평하겠습니다.

둘째, 설교자들을 고무하고 있다고 믿는 포스트모더니즘의 네 흐름을 밝혀 보겠습니다.

셋째, 포스트모던이 내건 강령의 핵심에 자리한 '힘'이라는 테마에 관해 두 번째 강연에서 더 깊이 이야기해

부두록 하겠습니다.

제가 이미 제시했듯이, 하나님 말씀의 능력을 믿는 우리 믿음은 학문 세계와 현재 정치가 보여주는 다양한 흐름으로 말미암아 심히 약해졌습니다. 이런 흐름은 교회에 깊은 영향을 주었습니다. 특히 힘이라는 관념에 대한 의심, 그리고 힘없는 이들이나 불안을 느끼는, 또는 불안을 느끼게 된 어떤 이들에게 힘이 미치는 결과를 예민하게 받아들이게 된 것입니다. 이것이 주류 교회 가운데서 주된 테마가 되었으며(어쩌면 현재 대학 캠퍼스의 분위기에서 힌트를 얻었는지도 모르겠습니다), 결국 그것은 설교가 살아 계신 말씀의 능력 있는 사건이기를 기대하지 않는 회중을 낳았습니다. 저는 강연 내내 이것을 자세히 이야기하려 합니다. 아울러 그런 강령이 설교자들의 확신과 설교를 듣는 이들이 기대하는 것을 강화하는 데 어떻게 응용될 수 있는지 제시하겠습니다.

이제 제가 볼 때 약해진 설교가 갖고 있는 네 흐름에 대해 말씀드리겠습니다. 이 흐름은 서로 어느 정도 섞여 있지만, 저는 그것들을 하나하나 강조하고자 각기 분리했습니다.

(1) 우리는 '하나님을' 말하는 법을(how to be *theo*-logi-cal) 잊어버렸습니다. 심지어 우리 설교가 '인간을' 말한다는(*anthropo*-logical) 것을 알아차리지 못하고 있습니다. 우리는 '인간의 잠재력'과 '인간의 가능성'을 성서 해석의 중심으로 만들었습니다.

(2) (요즘의) 설교는 모든 이를 사랑하시지만 우리의 종교적 탐색의 '대상'이신, 다소 수동적이신 하나님을 묘사합니다. 우리가 듣는 설교는 죽음까지 무릅쓰시며 역사적 전환점을 만든 여정을 통해 우리에게 오신 하나님에 관해 말하지 않고, 하나님을 찾아가는 우리의 '믿음 여행'을 끊임없이 말합니다. 이 때문에 설교의 초점이 하나님을 벗어나 우리 자신과 우리가 한 일들로 향하고 있습니다. 결국 설교가 계시 사건이 아닌, 충고하고 격려하며 마음을 치료하는 일이 되고 말았습니다.

(3) 예수께서 하신 말씀과 행위 가운데 추려 뽑은 것을 끝없이 되풀이하여 전하는 '예수 케리그마'(Jesus kerygma, 헬라어 '케리그마'는 '메시지'를 뜻합니다)가, 복음서 기자와 사도, 교부, 종교개혁자들이 전한 '그리스도 케리그마'(Christ kerygma)를 대체했습니다. 제가 여러 주류 교파에서 듣고

있는 설교가 거의 모두 그러합니다. 복음서에 나타난 계시들이 인간의 통찰로 설명할 수 있는 사건으로 축소되었습니다.

(4) 설교가 '소심해지는' 경향이 있습니다. 설교에 '절박하다는 느낌'이 없습니다. 설교자들은 아주 큰 능력을 두려워하는 것 같습니다. 저는 주류 설교자들이 텔레비전에 나오는 전도자들로 오해받기를 꺼려한 나머지 완전히 다른 방향으로 도망쳤다고 생각합니다.

이제 저는 이런 흐름 하나하나에 맞서는 반대 제안 내지 반대 확언을 제시하려 합니다.


## (1)에 대한 반대 확언:
## 하나님의 말씀은 능력이 있습니다

월리엄 윌리몬은 이렇게 썼습니다. "설교는 언제나 최초의 기적인 '그리고 하나님이 말씀하시기를……'의 재현이다."[4] 이것이 모든 기독교 설교의 근본 전제입니다. 기독

교가 행하는 사업의 전부라 할 성서 이야기 자체는, '하나
님이 말씀하셨다'라는 이 전제 위에서 서거나 무너집니다.

하나님이 누구에게 말씀하셨습니까? 먼저 예언자와
복음서 기자와 사도들에게 말씀하셨고, 이제 형제자매들
에게 말씀하신 그분은, 우리 자신을 바쳐 그분의 말씀을
섬길 때 복음을 설교하는 모든 이들을 통해 말씀하십니다.
설교자는 실제로 하나님 말씀을 '중개하는 이'입니다. 우
리의 훌륭함과는 아무 관련이 없습니다. 전혀 관련이 없습
니다! 그것은 오로지 '역사하는 말씀으로 말미암아' 이루
어집니다. 이는 성서 전체에서 분명하게 나타납니다. 예언
자와 사도들이 살아 있는 말씀을 전하는 이들이었던 것은,
그들이 '영적'이거나 '영의 선물을 받았기' 때문이 아니라,
하나님이 그들을 그분 뜻대로 취하여 사용하셨기 때문입
니다.

> 그러자 [예레미야가] 말했다. "아, 주 하나님이여!
> 보소서. 제가 어리므로 말할 줄 모릅니다." 그러나
> 주께서 내게 말씀하셨다. "'저는 어립니다'라고 말하지
> 말라.…… 내가 너와 함께 있어 너를 구원하기

    첫 번째 강연: 역사하는 말씀으로 말미암아

때문이다." 그런 다음 주께서 그의 손을 내밀어 내 입에 대시고, "보라. 내가 내 말을 네 입에 두었다"고 말씀하셨다(렘 1:6-9, NKJV).

그것이 주께서 예레미야에게 말씀하신 것입니다. 사도 바울은 여러분과 제게 이렇게 말합니다.

"말씀이 네게 가까워 네 입술에 있고 네 마음에 있다" [즉 우리가 설교하는 믿음의 말씀이].······이는 성서가 말하기를, "누구든지 [예수 그리스도를] 믿는 자는 부끄러움을 당하지 않으리라"라 했기 때문이다.······ "누구든지 주의 이름을 부르는 자는 구원을 받으리라." 그렇다면 그들이 믿지 않는 그분을 어찌 부르겠는가? 그들이 듣지도 못한 그분을 어찌 믿겠는가? 설교자가 없는데 그들이 어찌 듣겠는가? 설교하는 이들이 보냄을 받지 않았으면 어찌 설교하겠는가?(롬 10:8-15, NKJV)

저는 이 본문 말씀을 통해 '믿음으로 행하는 설교'와 '경청'이 바로 하나님이 누구시며 우리 믿는 자들은 누구

인가라는 물음*의 중심에 자리하고 있음이 분명하게 드러
나기를 소망합니다.


## (2)에 대한 반대 확언:
## 동사의 주어는 하나님입니다


클린턴이 대통령 선거 운동을 할 때 내건 구호는 "바
보야, 문제는 경제야"(It's the economy, stupid)였습니다. 듀크
대 신학대학원 전 학장인 리처드 헤이스는 신약 입문 수업
을 할 때 화이트보드에 이런 말을 쓰곤 했다고 제게 일러
주었습니다. "바보야, 핵심은 하나님이야"(It's about God,
stupid). 제 소명과 여러분의 소명은 성서가 '하나님'에 관
해 말하는 것에 귀를 기울이는 것입니다. 유대인의 종교적
심상이나 사회적 행동주의를 지지하는 어떤 프로그램, 또
는 우리가 즐길 수 있는 다채로운 캐릭터 모음이나 여러분

---

*    즉 하나님의 본성과 우리 신자가 지닌 정체성에 대한 물음을 의미
한다.

    첫 번째 강연: 역사하는 말씀으로 말미암아

의 영성을 수련하고 실천한 것들을(spiritual practices, 'practices'라는 단어를 조심하십시오) 계발할 지혜를 추려 모은 어떤 선집을 섬기는 것이 아닙니다. 저는 여기서 그 점을 강조하고자 일부러 도발적으로 말하고 있습니다. 성서는 처음이나 마지막이나 언제나, 아브라함과 이삭과 야곱의 하나님, 우리 주 예수 그리스도의 아버지이신 하나님에 관한 것으로, '하나님이 말씀하신 것'에서 나왔습니다.

이제 그 누구도 자신은 낫다고 느낄 수가 없습니다. 이렇게 '하나님을 말하는 신론'에서 '인간을 말하는 인간론'으로 미끄러져 추락한 현상이 교파를 막론하고 모든 교회 모든 사람에게 영향을 미치고 있기 때문입니다. 저는 이런 일을, 프린스턴 신학교 설교학 교수이며 학장인 제 친구 제임스 케이에게서 전해 듣고 처음 알게 되었습니다. 그는 설교학 교수의 특성상 학생들이 하는 설교를 끊임없이 들어야 했습니다. 그중 한 학생은 확신이 머리끝까지 가득 차 있어, 자신이 수업 시간에 모든 사람에게 설교할 수 있다고 믿던 바이블벨트 출신의 복음주의자였습니다. 짐 케이는 그의 연습 설교를 귀 기울여 들었습니다. 평가 시간이 되었을 때, 저는 그가 격분을 감추지 못했으리라고 생각했습니다. 하지만 그는 자부심이 넘치는 젊은 설교자에게 이렇게 말했습니다. "전도사님은 전도사님 설교에 **하나님이 주어인 문장이 단 하나도 없다**는 것을 알고 있습니까?"

짐 케이가 제게 그 이야기를 들려주었을 때, 저는 설교자의 삶에 가끔 찾아오는 성령의 계시 한 가닥을 받았음을 곧바로 알아차렸습니다. 저는 그때 이미 제 설교를 담은 책을 두 권이나 출간했지만, 그 일이 있은 뒤에는 동사의 주어가 무엇인지 훨씬 더 꼼꼼하게 살펴보기 시작했습니다.

다음은 갈라디아서의 한 구절입니다. 바울과 동사의 주어에 귀를 기울여 보십시오.

전에 너희가 하나님을 몰랐을 때는 본질상 신이 아닌 것들에게 노예 노릇을 했다. 그러나 이제는 너희가 하나님을 알게 되었으며, **더욱이 하나님에게 알려진 이들이 되었는데**, 어찌 너희가 다시⋯⋯로 돌아가⋯ ⋯할 수 있느냐?(갈 4:8-9, ESV, 저자 강조).

바울이 주어와 목적어를 혼동했다가 뒤이어 문장 중간에서 그것을 바로잡은 것이 보입니까? 여러분이 성서 공



첫 번째 강연: 역사하는 말씀으로 말미암아

부 그룹을 이끌고 있다면, 참가자들에게 이와 같은 훈련을
해보도록 제안하는 것도 훌륭한 연습입니다. 그러면 그들
은 곧 "저는 하나님을 찾았습니다"라고 말하지 않고, "하나
님이 저를 찾으셨습니다"라고 말하게 될 것입니다.


### (3)에 대한 반대 확언:
### 하나님은 이 세상에서 적극 활동하십니다


이것이 어쩌면 '진보' 또는 '자유주의' 신학과 성서를
따르는 신학 사이에 벌어지는 논쟁에서 가장 기본적인 쟁
점일지도 모르겠습니다. 이런 불일치는 다음과 같은 질문
들을 중심으로 삼아 나타나고 있습니다. '하나님은 이 세
상에서 적극 활동하시는가? 하나님이 우리 삶에 개입하시
는가? 성서는 여전히 그 안에 살아 있는 말씀을 담고, 무
(無)에서 새롭게 이루어진 창조에 대해 말하고 있는가?'

우리에게 꼭 필요한 인물 플래너리 오코너는 그가 쓴
한 편지에서 이런 말을 합니다.

[우리는] 하나님이 아무 힘도 없고······우리에게 자신을
계시할 수 없으며······종교는 우리 자신의 달콤한
발명품이라고 믿게 되었습니다.[5]

만일 우리가 교회들을 돌아다니며 하나님이 아무 힘
도 없다고 생각하는지 사람들에게 물어본다면, 그들은 물
론 그렇게 생각하지 않는다고 대답할 것입니다. 그러나 실
제 설교들, 특히 그런 설교들의 결말은 자주 이를 숨깁니
다. 많은 설교들이 그 결말에 능력이 없습니다. 설교자는
순조롭게 시작한 설교를 이어 가다 어딘가에 이르면 목소
리가 시들고, 그 에너지는 새어 나가 사라집니다. 저는 이
것이 하나의 '신학적' 질병이라고 믿습니다. 결국 설교자
가 말하는 바로 그때, 뭔가 새로운 것을 창조해 내는 하나
님 말씀의 능력에 대한 근본적 신뢰가 사라지고 맙니다.
더 자세히 말하면, 우리는 그 말씀이 이 세상의 낡은 질서
로부터 우리를 단절시켜 주리라고 더 이상 기대하지 않습
니다. 하나님이 예수 그리스도의 계시(묵시) 속에서 자신을
온 '우주'의 통치자요 온 땅을 심판할 재판장으로 계시하
신다는 확신이 아주 많은 설교에서 사라지고 있습니다. 이

　　　　첫 번째 강연: 역사하는 말씀으로 말미암아

것이 제 세 번째 강연의 주제가 될 것입니다.

그런 계시를 드러내는 하나님 말씀의 능력은 설교자들 안에서 틀림없이 확신을 불러일으킵니다. 이 확신이 없을 때, 회중은 특별한 일이 일어나지 않았다고 느끼며 교회를 떠납니다. 그들은 어쩌면 권고 혹은 가르침을 받았거나 오락거리를 즐겼는지도 모르지만, 여하튼 아무 '사건'도 일어나지 않았습니다. 저는 이런 맥락에서 설교자들이 설교의 결말에 더 주의를 기울여야 한다고 믿습니다. 예수께서 말씀하신 비유들의 결론처럼, 설교의 결말도 설교를 듣는 이에게 도전을 던져 새로운 사고방식을 갖게 해야 합니다. 설교의 결말은 설교자에게도 뭔가를, 곧 그 설교가 거부당해도 무릅쓸 용기를 요구해야 합니다. 이는 쉽지 않습니다. 회중도 여기서 해야 할 역할이 있습니다만, 그것은 이야기를 계속해 나가면서 다루도록 하겠습니다.

미국 성공회를 보면, 현재 대다수 주일 설교가 복음서를 본문으로 합니다. 이는 예수에 관한 이야기를 자주 그 설교의 기초로 삼음을 의미합니다. 이는 이전 시대인 20세기 중반의 미국 성공회에 비하면 큰 진전입니다. 그때는 설교에서 예수의 이름을 아예 언급하지 않는 것처럼 보였습니다.[6] 현재 기도서 구성을 보면, 먼저 공관복음 본문을 읽고(요한복음 본문은 공관복음 본문만큼 자주 읽지 않습니다), 설교가 곧바로 뒤따릅니다. 그런데 이상한 것은, 공관복음에는 분명 '그리스도론'이라는 것이 있건만 그 그리스도론이 뒤로 밀려나 있다는 점입니다. 한 예만 들어 보겠습니다. 저는 예수의 변모를 다룬 설교를 평생 오육십 번은 들은 것 같습니다. 그런데 그런 설교 가운데 95퍼센트는 그 핵심을 놓쳤으며, 대부분 베드로를 이야기했습니다. '우리는 친근하고 나이 든 실수투성이 베드로를 사랑하지 않습니까? 그는 영락없이 우리와 판박이입니다. 그는 늘 잘못을 저지릅니다. 예수의 제자들은 산꼭대기에 머물러 있을 수 없습니다. 우리는 산에서 내려와 골짜기에서 삶을 대면해야 합니다.' 이것이 오늘날 변모주일의 표준 설교입니다.[7]

친구 한 명이 제게 "제자들을 악담하는" 설교를 듣느라 피곤하다고 말한 적이 있습니다. 그러나 복음서 기사들을 살펴보면, 베드로와 제자들은 그저 '조연'일 뿐입니다. 변모 장면을 보면, 예수 그리스도의 얼굴에 나타난 영광, 율법과 예언자(모세와 엘리야)가 예수 그리스도와 함께 등장해 경외심을 자아내는 모습, 그리고 그분의 아들임을 확인 채 주시는 아버지의 희선에 초점을 맞추고 있습니다. 변모는 '신현'(theophany, 하나님의 나타나심)입니다. 그것은 '하나님'에 관한 것입니다. 이것이 예수 케리그마와 그리스도 케리그마의 다른 점 가운데 하나입니다. 얼핏 보면 변모 이야기에서는 아버지 하나님과 아들 하나님이 따로 있는 것처럼 보일지 모르겠습니다. 그러나 우리가 복음서 이야기를 전부 살펴보면 알게 되듯이 아버지와 아들은 한분입니다. 아버지와 아들은 성령의 능력과 더불어 행동하시면서 아들의 희생을 통해 이 세상을 되찾고 계십니다.

케리그마의 주된 기능은 베드로보다 덜 우둔하게 굴라는 권고나 골짜기로 내려가라는 요구, 더 큰 노력을 기울이고 더 많은 영성 훈련을 하라는 요구 또는 '이미 임재하여 활동하시는' 그리스도 예수라는 계시된 인격체 외에 다른 어떤 것으로의 부름이 아닙니다. 회중을 향한 요구는 케리그마 '안에 들어 있는데', 이 케리그마는 먼저 아무 조건이 없는 구원을 천명합니다. 여러 가지 영성 프로그램과 사회 활동도 케리그마에서 나옵니다. 따라서 케리그마가 영성 프로그램과 사회 활동에 의존하게 만드는 것은 불행히도 치명적입니다.

## (4)에 대한 반대 확언:
## 하나님의 말씀은 절박합니다

사람들은 애너 카터 플로렌스*의 이 말을 종종 인용합니다. "회중은 확신하지 못할 수 있지만, 그런 회중도 '여러분'이 확신한다는 것만큼은 알아야 합니다." 저명한 목사이자 교수인 데이비드 로즈는, 존 웨슬리가 설교할 때 무언가를 사활이 걸린 문제처럼 중요하게 여기는 모습을 보았습니다. 그의 메시지에 누군가의 생명이 달렸을 수도 있기 때문입니다. 17세기의 유명한 설교자 리처드 백스터는 이렇게 말했습니다. "저는 다시는 설교하지 못할 사람처럼, 죽어 가는 사람들에게 설교하는 죽어 가는 사람처럼 설교했습니다." 더욱이 절박한 메시지는 **응답을 기대합니다.** 그것은 관계의 언어, 사랑의 언어로서 취약하고 위태로운 상태에 있는 언어, 곧 실제로 거부당할 수 있는 언어입니다.[8] 설교의 결말은 마지막 결단을 요구한다는 자세, 뒤처졌다간 마귀에게 잡아먹힐 수 있다는 각오를 품고 죽기

---

*    미국 컬럼비아 신학대학원 설교학 교수.

                                              첫 번째 강연: 역사하는 말씀으로 말미암아

살기로 벌이는 노력이어야 합니다.

한편, 많은 성직자들이 열정과 확신을 강단으로 가져오려면 회중의 '격려'와 '기대'가 있어야 합니다. 성서를 따라 생각하는 지체들은 그들의 목사를 격려하고 지지하는 데 엄청난 역할을 감당합니다. 저는 뉴욕시 그레이스 교회 회중에게서 기대에 찬 빛난 얼굴들을 아주 많이 보았습니다. 그럴 때마다 저는 어떤 힘을 얻었습니다. 제가 알기에 그 힘은 나 자신에게서 온 것이 아니었습니다. 어떤 설교자이든, 살아 있는 말씀의 사건이 되는 설교로 명성을 쌓는다면 그와 같은 일이 일어날 수 있습니다. 적은 수일지라도 그런 사건을 기대하는 사람들이 나타난다면, 그것은 머뭇거리는 설교자에게 헤아릴 수 없이 소중한 가치가 됩니다. 결국 핵심은, 그것이 설교자에 관한 것이 아니기 때문입니다.

**그것은 하나님에 관한 것입니다.**

* * *

그럼, 함께 나눈 내용을 다시 곱씹어 보겠습니다.

이 첫 강연에는 두 섹션이 들어 있습니다. 첫 섹션에서는 하나님 말씀에 관한 가르침을 다루면서, 성서가 하나님 말씀과 능력을 우리에게 부어 주어 그 하나님 말씀을 설교하게 하며, 하나님 말씀을 믿음으로 받아들이게 한다는 것을 전했습니다. 저는 설교자가 말씀을 믿음으로 받아들이는 사람 가운데 하나임을 오랜 경험에 비춰 말씀드립니다. 자신의 설교를 듣고 재차 회심한 설교자는 저뿐만이 아닙니다.

첫 강연의 두 번째 섹션에서는 설교에 존재하는 문제들의 목록과 그에 상응하는 반대 확언들의 목록을 빠르게 살펴보았습니다. 이제 두 번째 강연인 '설교의 생명'에서는 포스트모던이 내건 강령의 핵심에 자리하고 있는 '힘'이라는 테마에 관한 몇 가지 생각을 제시하고, 포스트모더니즘과 그것이 오늘날 성서 해석에서 지니는 몇 가지 긍정적 측면을 다루도록 하겠습니다.

# 두 번째 강연

## 설교의

## 생명

저는 첫 번째 강연에서 성서가 하나님 말씀에 관하여 천명하는 근본적 가르침에 대해 무언가를 이야기해 보려고 했습니다. 이것이 없으면, 기독교 신앙은 온갖 종교 사상이 넘실대는 거대한 바다에서 그 신앙을 안전히 매어 둘 닻도 없이 이리저리 떠돌 것입니다. 저는 이 닻이라는 아주 오래된 이미지를 좋아합니다. 영원히 표류하지 않고 두려움 없이 폭넓은 조사를 할 수 있을 정도로 그 닻의 사슬이 충분히 긴 경우라면 말입니다.

저는 첫 번째 강연 후반부에서 말씀 선포에 심각한 문제를 불러일으키고 있는, 우리 시대 교회 안의 몇 가지 흐름을 열거했습니다. 뒤이어 이런 흐름을 기본이 되는 원천, 곧 신약성서에 나오는 사도들의 설교에 뿌리박고 있는 반대 확언들과 짝지어 제시했습니다.

이제 저는 이 네 가지 문제와 각 문제에 대응하는 제안들이라는 틀을 따라 권면하고자 합니다. 그 전에 먼저 이른바 포스트모더니즘에 관하여 몇 마디 해야겠습니다.

포스트모더니즘이란 무엇입니까? 포스트모더니즘은 유동적이고 부정확한 용어로 악명이 높습니다. '실존주의'와 좀 비슷한 면이 있지요. 포스트모더니즘은 50년 전부터 마치 간단하고 명료한 개념 무음인 것처럼 모든 사람이 입에 오르내렸습니다만, 사실은 당시 포스트모더니즘을 지지하는 이들도 이 사조를 정의하기가 어렵다는 것을 알고 있었습니다.

제가 이해하기에 포스트모더니즘 개념은 건축가들의 세계에서 시작되었습니다. 그들은 당시 모더니즘 건축이라 불리던 형태의 엄격한 규칙들을 일부러 아주 다른 모양으로 구부리기 시작했습니다. 그런 의미에서 본다면, 적어도 저 자신은 지금도 모더니스트입니다. 저는 그랜드 센트럴 터미널에서 나와 맨해튼 주택 지구로 걸어갈 때마다 모더니즘의 위대한 상징 가운데 하나인 시그램 빌딩을 봅니다. 그 건물을 보면서 즐거워하지요. 그리고 거기서 좀 더 가면, 건축가 필립 존슨이 설계한 포스트모던 양식의 고층 건물*이 있습니다. (제가 보기에는 어쨌든) 좀 터무니없는 치펀데일 양식의 꼭대기를 가진 건물이지요. 저는 뉴욕 근대미술관이 포스트모던과 컨템포러리(contemporary, 이 시대에 유행하는) 양식을 갖기 전의 옛 모습을 좋아했습니다.

-----

*　'소니타워'로 알려져 있는 'AT & T' 빌딩을 일컫는다.

그러나 이것은 그냥 지나가는 말입니다. 제 개인의 생각이 그렇다는 것이지요. 성서 해석학계를 살펴보면 이야기가 완전히 다릅니다. 이와 관련하여 '근대'(modern)는 많든 적든 계몽주의 이후 몇 세기 동안 등장한 지적 흐름들과 20세기 후반부에 이르기까지 펼쳐진 과학의 발흥 시대를 가리킵니다. 이런 움직임이 성서학에 미친 영향은 과장하기가 어려울 것입니다. 많은 사람들에게 성서는 하룻밤 사이에 길가메시 서사시나 사해 사본을 연구할 때와 같은 방법으로 연구해야 할, 일개 고대 텍스트가 되어 버린 것 같습니다. 이리하여 믿음의 해석학을, 이른바 의심의 해석학이 대신하는 일이 일어났습니다.

저는 이 분야의 전문가는 아닙니다만, 나중에 학계에서 상당한 명성을 얻게 된 한 교수에게 제가 대학에서 성서를 배웠던 1950년대 말에는, 해석학 세계가 온통 문서설 천지였음을 증언할 수 있습니다. 물론 당시 저는 그 모든 것을 사랑했고, 지금도 그때 배운 것을 유감스럽게 생각하지 않음을 꼭 말해 두고 싶습니다. 저는 그 배움을 통해 성서 기록의 역사와 얼개를 인식하게 되었고, 그런 인식을 한 번도 잃어버리지 않았습니다. 그러나 제가 1970년대에

뉴욕 유니온 신학교에 들어갔을 때는 이런 식의 성서 연구
방법이 기운을 잃기 시작했습니다. 마침 그때 저는 J, E, D,
P 그리고 Q 문서 같은 것들이 틀림없이 있었다 할지라도,
그것이 그 나라에 들어가는 열쇠가 아님을 깨닫기 시작했
습니다.

　이처럼 제가 신학교에 다니던 여러 해 사이에 편집비
평에서 문학비평으로, 그리고 다시 정경비평으로 바뀌는
흐름이 명백하고 확고하게 학계를 장악했습니다. 그리고
우리는 계몽주의 이래 지배력을 행사해 왔던 것들에 대해
포스트모던이 제기하는 비평을 듣기 시작했습니다. 엄청
난 시간이었습니다. 이런 일이 바로 제 눈앞에서 일어나는
것을 보았고, 저를 가르치던 교수들이 그 최전선에 있었지
요.[1] 그 결과, 오늘날 많은 영역에서―모든 영역은 아닙니
다만 많은 영역인 것만은 확실합니다―근대 전의 성서 해
석을 폄훼하거나 무시하기보다 오히려 귀중히 여기는 쪽
으로 돌아가는, 그야말로 열렬한 회귀가 벌어졌습니다. 우
리가 지금 근대 전 시대인 교부 시대와 스콜라 시대의 저
작을 새로운 판으로 아주 많이 만나고 있는 것도 그 때문
입니다.

이제 저는 포스트모더니즘이 우리를 위해 한 일이 무엇인지 살펴보면서 권면을 드리고자 합니다.

첫째, 포스트모더니즘은 우리를 오로지 역사비평 방법에만 의존하던 데서 벗어나게 해주었습니다. 최근에 저는 제 서재 장서를 살핀 뒤 45년 전 신학교에서 쓰던 성서 주석들을 거의 떠나 보냈습니다. 물론 '아예' 전부를 그러지는 않았습니다. 이제 저는 제 시간 중 대부분을 종교개혁자들, 초기 교부들, 그리고 더 근래의 성서신학자들과 함께 보냅니다. 사실, 불모의 시기가 지나고 요즘에 와서는 성서'학자들'(biblical *scholars*)과 대비되는 성서'신학자들'(biblical *theologians*)이 더 많은 것 같습니다. 이는 근래에 볼 수 있는 좋은 징조입니다. 이것은 역사비평이라는 힘든 작업을 수행하는 학자들을 깎아내리려고 하는 말은 결코 아닙니다. 그럼에도 설교에 직접 자양분을 주는 주석들은 성서'신학자들'에 의해 공급됩니다. 저는 몇몇 성서신학자 문하에서 공부했으며, 그것이 모든 변화를 가져왔습니다. 그들은 역사비평의 연구 성과를 그 배경으로서 당연하게 받아들였지만, 우리가 수업 때 정말 주목한 주제는 약동하는 본문의 생명이었습니다.

둘째, 포스트모던 프로젝트는 본문의 생명을 본문의 '과거' 역사뿐 아니라 '미래' 역사에서도 찾을 수 있음을 일깨워 주었습니다. 하나님의 미래는 책 여러 권을 채울 수 있는 테마입니다. 저는 그것을 세 번째 강연에서 다루고자 합니다. 그때 이 내용을 다루더라도 데스몬드 투투*가 아파르트헤이트를 전복시키기 위한 긴 투쟁을 벌이는 동안 했던 말은 지적해야겠습니다. 그는 남아프리카를 통치하는 세력들을 두고 이렇게 선언하곤 했습니다. "그들은 이기지 못합니다! 저는 그 책의 마지막을 읽었습니다!"

셋째, 포스트모더니즘은 상상력의 역할에 큰 힘을 실어 주었습니다. 모더니스트의 허다한 해석이 그야말로 경직된 문자적 해석임은 주목할 만합니다. 그런 해석은 이른바 예수 세미나에 모인 사람들, 그리고 그들의 동맹이자 위성이라 할 사람들이 내놓은 일부 작업 성과에서 정점에 이르렀습니다. 그들 가운데 어떤 이들은 자신의 생명을 구해 줄 은유를 알아차리지 못했습니다. 저는 여러분이 근래

---

*　남아프리카공화국 성공회 주교이자 신학자, 아파르트헤이트에 맞선 인권 운동가.

에 픽션에 대해 이루어진 몇몇 연구에 주목하기를 바랍니다. 이 연구들은 픽션을 읽는 이들, 특히 픽션을 일찍부터 읽기 시작한 이들이(어린 자녀를 둔 여러분을 가리키는 말입니다!) 더 큰 공감 능력, 곧 다른 이들의 삶을 더 잘 이해할 능력을 갖고 있음을 보여주는 것 같습니다. 부모와 설교자들은 픽션과 시를 더 많이 읽어야 한다고 저는 독려하고 싶습니다. 이 독서는 언어가 타자들, 그리고 궁극의 타자인 우리 하나님의 실재를 일깨워 주고자 어떤 식으로 작동하는지 이해하는 길을 단단하게 해줄 것입니다.

넷째, 포스트모더니즘은 '읽기 공동체의 맥락 속에서' 해석하는 역할을 강조했습니다. 이는 적어도 두 가지 큰 효과를 가져왔습니다. (1) 우리는 공동체가 그들이 읽은 내용을 어떤 식으로 해석하는지에 따라 그 공동체의 모습이 만들어진다는 것을 압니다. (2) 우리는 이제 우리가 해석이라는 일에 무엇을 가져오는지를 훨씬 더 많이 인식하고 있습니다. 이는 다시금 회중의 역할을 부각시킬 뿐만 아니라, 나아가 필수불가결한 소그룹 성서 공부의 중요성을 강조해 줍니다.

* * *

이 강연의 첫 부분은 앞서 진행한 강연의 확장이자, 교회 안에서 이루어지는 설교 및 성서 연구와 관련된 포스트모던적 해석 흐름이 갖고 있는 해로운 측면과 더불어 좀 더 건설적인 측면을 설명하고 논평한 것이었습니다. 이제 이 두 번째 부분에서는 포스트모던 프로젝트의 핵심, 곧 '힘'이라는 테마를 논해 보려고 합니다. (이어서 이 강연의 세 번째 섹션이자 마지막 섹션에서는 케리그마, 곧 복음을 다루겠습니다.)

저는 포스트모던의 독특한 사상 네 가지를 이야기했습니다만, 정작 가장 중요한 사상 가운데 하나는 여태까지 언급하지 않았습니다. 이제 여기서 그것을 아주 기본적인 용어로 밝혀 봅니다. **어떤 텍스트를 해석한다는 것은 진리를 추구하는 투쟁이 아니라 힘을 추구하는 투쟁이다.** 따라서 성서 본문 해석도 다른 어떤 본문 해석과 마찬가지로, 십중팔구 억압하는 활동일 수 있습니다. 우리가 '의심의 해석학'이라 불리는 것을 소유하게 된 것도 그 때문입니다. '의심의 해석학'을 보통 사람들의 말로 옮기면, 이런 뜻입니다. '성서를 믿었다간 다칠 거요. 안 믿는 게 좋을 겁니다.'

　　포스트모던 사상의 본질을 이루는 이러한 생각의 영향이 매우 널리 퍼져 있고 강하다 보니, 전통적 교파의 강단에 서는 설교자들도 성서가 곧 하나님 말씀이라는 믿음을 잃어버렸습니다. 제가 보기에 우리의 문제는, 설교자들이 혹여나 남에게 상처를 주거나 불쾌감을 줄까 염려한 나머지 복음을 선포하기를 두려워한다는 것입니다. 우리는 안전 헬멧(crash helmet)을 쓰고 교회에 가야 한다는 애니 딜라드의 유명한 말[2]과 반대로, '안전 공간'(safe spaces)을 만들어야 합니다. 오늘날 자신의 이야기를 들려주는 것이 널리 인기를 끄는 이유 가운데 하나는, 그것을 강압적이라고 볼 수 없기 때문이 아닌가 싶습니다. 여러분은 여러분의 이야기를 갖고 있고 저는 제 이야기를 갖고 있다면, 우리는 포스트모더니즘이 '메타내러티브'라 부르는 것으로 다른 이의 공간 침범을 피할 수 있습니다. 우리가 자기 이야기와 자신의 특별한 '진리'를 고수하면, 누구의 기분도 상하게 할 필요가 없습니다.

　　설교에서 활력이 많이 사라져 버린 이유는, 우리가 언어는 강요이며 지배하는 것이라는 포스트모던의 고착된 관념을 흡수했기 때문입니다. 그렇지만 우리는 종종 그런 사실을 깨닫지 못합니다. 이런 영향을 가장 낮은 수준에서 보여준다고 할 수 있는 것이 전 세계를 휩쓴 베스트셀러 『다빈치 코드』입니다. 정경은 그저 지배권을 둘러싼 투쟁의 결과에 불과하다는 관념을 염치없이 사용하고 있는, 이루 말할 수 없이 정직하지 못한 책입니다.[3] 당시에 열일곱 살이던 제 손녀가 성서는 오로지 정치적 이유 때문에 모아 놓은 문서라 일러 주는 것을 듣고, 저는 이 책의 견해가 얼마나 큰 영향을 미쳤는지 깨달았습니다. (할머니, 제가 말씀드린 것을 받아들이세요!)

미셸 푸코는 힘(권력)과 강요를 유용하게 구별합니다. 저는 오늘날 설교자들이 자유로운 사람(인격체)을 창조해 내시는 하나님의 능력을 충분히 신뢰하지 않는다고 생각합니다. 우리가 아주 큰 확신을 품고 설교하면 누군가는 그 설교를 강요로 받아들일 것이라는 생각이 우리를 짓눌러 소심하게 만들었습니다. 그러나 무엇을 하도록 '강제당하거나 강요당하는 것'과 그 무엇을 할 '능력을 받는 것'은 다릅니다. 아우구스티누스가 우리에게 힘써 가르쳐 준 것처럼, 하나님의 능력은 신비하게도 인간의 자유와 연결되어 있습니다. 그런 하나님의 능력은 우리의 저항을 극복합니다. 그 능력은 우리를 예속에서 자유롭게 해주고, 우리를 구원하여 새 생명으로 인도합니다. 새 생명이 있는 그곳에서는 '온전한 율법'은 곧 '자유의 율법'입니다(약 1:25).

포스트모더니즘의 주된 관심사는 오늘날 정치와 문화 영역의 여러 갈등에서 강력한 효과를 발휘했습니다. 최근에 저는 힘에 대해 정의한 한 편의 글을 읽고 큰 충격을 받았습니다. 탁월한 저널리스트 필립 구레비치는 르완다에서 일어난 인종학살을 다룬 책을 집필해 상을 받았습니다. 그 책의 한 문장을 인용해 봅니다. "힘은 대체로 당신이 다른 이들의 현실에 관해 들려주는 이야기를 따라, 그 다른 이들이 살아가도록 만드는 능력 속에 존재한다."[4] 중앙아메리카와 남아메리카에서 들어온 이민자들은 국경을 "넘어 밀려들어 와" 우리를 "침공하고" 있습니까, 아니면 그저 더 나은 삶을 살아 보려고 발버둥치고 있습니까? 그들은 "범죄자"요 "겁탈자"입니까, 아니면 폭력과 테러를 피해 온 난민입니까? 그들은 아메리칸 드림을 위협하고 있습니까, 아니면 아메리칸 드림의 일부가 될 잠재력을 지닌 이들입니까? 이것은 자신의 이야기를 들려주기 위한 권력 투쟁입니다.

"힘은 대체로 당신이 다른 이들이 현실에 관해 들려주는 이야기를 따라, 그 다른 이들이 살아가도록 만드는 능력 속에 존재한다." 이것이 우리가 현재 벌이는 투쟁들과 얼마나 관련이 있는지는 쉽게 알 수 있습니다. 예를 들면, 동성애자 가운데는 누군가가 동성애자인 자신들의 이야기와 연결점이 없는 어떤 특정 성서 해석을 따라 살아가게 하려고 강제하고 있다고 확신하는 이가 상당히 많습니다. 여성 서품(안수) 논쟁—저는 이 논쟁을 아주 잘 기억합니다—이 일던 1970년대에도 같은 양상이 역동성 있게 펼쳐졌습니다. 해석을 둘러싼 싸움은 찬반 양쪽 사람들이 같은 성서 본문을 서로 다른 시각에서 해석하려 하면서 일종의 권력 투쟁의 성격을 띠었습니다. 이런 사례들은 힘의 본질과 이와 관련된 본문 해석을 통찰하게 해줍니다.

힘(권력)이라는 주제만큼 불안정하고 불확실한 주제도 없습니다. 우리는 이 주제에 모순된 태도를 취하고 있지요. 한편으로 보면, 우리는 힘을 갖기를 열망하고 할 수만 있으면 힘을 행사합니다. 이는 아담과 하와의 반역이 가져온 결과로서 인간 본성에 박혀 있습니다. 우리 교파들의 대의 기관과 회중의 행정 구조를 봐도, 심지어 가장 작은 곳에서조차 권력 투쟁이 항상 이어집니다. 인간 본성 자체가 죄로 가득하기에 두세 사람이 모인 곳이면 어느 곳에서나 지배권을 잡으려는 투쟁이 늘 이어질 것입니다. 바울이 로마서에서 가르치듯이, 옛 아담은 이렇게 작동하고 있습니다. 우리는 우리가 살아가는 타락한 세계가 안고 있는 이런 사실을 피할 수 없습니다. 우리가 장성했음을 보여주는 특징 가운데 하나는, 만일 힘을 갖고 있다면 그 힘을 인간답게 사용하는 법을 배우는 것이며, 힘을 갖고 있지 않다면 힘을 대신할 다른 양식을 찾는 것입니다. 힘(권력)에 관하여 장성함에 이르려는 투쟁도 그리스도인의 삶을 구성하는 것 가운데 하나입니다.

하지만 이제 우리는 한데 뒤섞인 여러 문화의 흐름이 우리로 하여금 힘을 의심하고 두려워하게 하며, 힘을 불편하게 여기도록 만드는 환경에서 살고 있습니다. 아니, 어떤 이들은 권위를 불편해한다고 말할지도 모르겠습니다. 우리는 지금 알든 모르든 우리를 형성하는 허다한 사상들 속에서 살아가고 있습니다.

저는 지금 북아메리카 교회들에서 펼쳐지는 장면이, 서로 아주 다른 두 형태의 사상을 제대로 소화하지 못한 채

뒤섞어 놓은 혼합물이라고 말하고 있습니다. 그 두 사상은
(1) 모더니즘과 (2) 포스트모더니즘입니다. 첫 번째인 모더
니즘은 계몽주의와 과학의 등장에서 유래했습니다. 합리
성과 '명제적 진리'(propositional truth)를 강조하는 것은 많
은 그리스도인들에게 여전히 큰 영향을 미치고 있습니다.[5]
대체로 보면, 우리가 그 영향에서 멀리 벗어나고 있던 지난
2-3년 사이에 모더니즘은 최악일 수 있는 이유들을 내세
워 우리에게 그것을 강제했지만, 결국 최악일 수 있는 결과
들을 낳았습니다.

　　이는 우리가 진리와 거짓을 구별하고 책임 있는 저널
리즘과 '가짜 뉴스'를 구별하려고 애쓴 결과입니다. 새롭고
절박한 도전 앞에서 성서 고유의 말하기 방식에 귀 기울이
며 그 본연의 의미를 이해하기란 과거 어느 때보다 어려워
졌습니다. 이제 우리는 애초에 존재하지도 않았던 엄격한
'성서 원리들'을 논할 것이 아니라, 더 유동적이고 문학적
이며 역동적인 '내러티브 접근법'을 통해 성서가 스스로 말
하게 하는 방법을 찾아내야 합니다. 이것은 매우 혼란스러
울 수 있습니다. 여러 성서 공부 그룹을 살펴보면, 모더니
즘이 주창하는 초합리적 관점이 계속해서 튀어나옵니다.

우리는 모두 언제나 "그런데 이런 일이 정말 일어났나요?"라고 묻거나, 내셔널 지오그래픽 채널에서 배운 모호한 고고학적 사실*에 건조한 논평을 불쑥 더해 끼어들려는 사람들을 견뎌야 했습니다. '선하신 하나님, 우리를 문자주의적 사고에 갇혀 버린 이들에게서 구해 주십시오.'

하지만 다른 다른 한편으로, 이스라엘 이야기의 역사적 사실과 성육신하신 하나님의 아들 그리스도의 삶을 겸허히 수용하며 나아가는 고단한 여정이 포스트모던 해석자인 우리에게 사명으로 주어져 있습니다. 설교자와 성서 교사가 이처럼 수심이 얕은 위험 지역을 항해하려면 숙련된 기술이 필요합니다. 어쩌면 특별한 카리스마가 필요할지도 모릅니다. 역사와 고고학의 '현장 사실들'(facts on the ground)이 중심을 차지하게 하면, 그 사실들은 방해가 됩니다. 그러나 그런 사실들이 없으면, 성서에 기초한 믿음이 체현하는 독특한 특질은 사라져 버립니다.[6]

하지만 우리가 그 균형을 바로 맞춘다 해도, 우리에게

---

*  factoid. 방송 등에서 자세한 근거 자료를 제시하지 않고 확실한 사실처럼 짤막하게 언급하는 것.

는 여전히 포스트모던의 문제가 있습니다. 교회는 자신의 복음을 믿기를 두려워합니다. 우리가 다른 사람들을 억압하거나 통제한다는 비판을 받을까 봐 두려워하기 때문입니다. 앞에서 언급했듯이, 오늘날 '자신의' 이야기를 들려주는 것이 인기를 끈다는 것은 곧 여러분이 그렇게 할 경우 억압으로 보이지 않을 수 있음을 의미합니다. 여러분에게도 여러분의 이야기가 있고 저에게도 제 이야기가 있기 때문입니다. 우리가 개인의 이야기만을 고수한다면, 그 누구도 불쾌하지 않을 것입니다.

이러한 관점의 문제점은 기독교 복음의 핵심 자체가 사람을 불쾌하게 한다는 데 있습니다. 예수의 가르침이 제도권 종교를 불쾌하게 만드는 것이 아니었다면 그 가르침은 대체 무엇이었을까요? 예언자들의 메시지가 불쾌한 것이 아니었다면 그들은 왜 하나같이 핍박을 받았을까요? 그렇다면 그것은 대체 누구의 심기를 건드렸을까요? 그 문제는 다시 다루겠습니다만, 저는 그동안 우리가 복음이 사람을 불쾌하게 만든다는 사실로 속임수를 써 왔다고 지적하고자 합니다. 우리가 한 일이 여기 있습니다. 우리는 이처럼 사람을 불쾌하게 만듦(offensiveness)을, 우리 시대의 유행들에 이용하는 법을 배웠습니다. 어디에나 널리 퍼져 있는 '포용적'(inclusive)이라는 표현이 그 예입니다.

'포용'의 메시지를 선포함에는 큰 용기가 필요하지 않습니다. 이는 아주 약한 말이어서 극보수인 사람들(extreme conservatives)을 제외한 누구의 마음도 불편하게 하지 않습니다. 어쨌거나 문화계에서 힘이 있는 이들은 그런 극보수들을 지워 버렸습니다. 제가 볼 때는 우스운 일입니다만, 그래도 아주 중요한 뭔가가 벌어지고 있습니다. 저는 사람을 철저히 불쾌하게 만드는 복음의 메시지가, 이슈에 끌려가는 다양한 의제들, 그렇게 이슈에 끌려가 급진적이라 주장하는 다양한 의제들과 연결되면서, '덜' 철저한 것이 되고 '더' 급진적이지 않은 것이 되고 있다고 주장하는 바입니다. '포용'(inclusion)도 '관용'(tolerance)처럼 내용이 없는 말입니다. 어떤 의미를 가지고 있다고 하기에는 아주 모호한 말입니다. 포용은 구별 짓고 판단한다는 생각을 배제합니다. '다양성'(diversity)은 포용이라는 말에 분명 적절히 잘라 맞출 수 있는 또 다른 말입니다.

저는 자신들이 '다양하다'고 자랑스럽게 선전하는 교회들을 방문한 적이 있습니다. 그러나 그런 교회들에서 제

　　　　　　　　　　　　　　두 번째 강연: 설교의 생명

가 볼 수 있었던 사람은 하나같이 백인이었습니다.

반면, 복음에서 가장 날카로운 부분은 진실로 '포용적'입니다. 그것은 모든 방향에서 우리를 치기 때문입니다. 여러분은 히브리서 4장 12-13절이 기억나실 것입니다.

하나님의 말씀은 살아 움직이고 양날이 선 칼보다
날카로워, 혼과 영과 관절과 골수를 찔러 쪼개고 마음의
생각과 의도를 밝혀낸다. 어떤 피조물도 [하나님의]
눈앞에서 숨지 못하니, 모든 이들이 결산해야 할 그분의
눈앞에 벌거벗은 채 드러난다(히 4:12-13, ESV).

설교자들은 설교를 준비하려 할 때마다 이 본문을 "읽고, 유념하고, 익히고, 곱씹어 소화시키는" 것이 좋겠습니다. 설교자라면 찔러 쪼개는 말씀의 날이 누구보다 먼저 자신을 치리라는 것을 이해해야 하기 때문입니다. 그렇게 쪼개짐을 느낀 설교자는 뒤이어 기도하며, 예레미야 23장 28-29절 같은 본문에 의지할 수 있습니다.

내 말을 가진 자는 내 말을 신실히 말할지니라.

짚과 밀이 무엇을 같이 갖고 있느냐?

주께서 말씀하시느니라. 내 말이 불과 같지 않느냐?

주께서 말씀하시느니라. [내 말이] 바위를 부수어

조각내는 망치 같지 않느냐?(렘 23:28-29)


누군가는 이 이미지들이 폭력적이라며 거부합니다. 제가 생각하기에 이런 언어가 폭력을 조장한다고 생각하는 사람들은 종종 시(詩)를 시로 들을 줄 아는 귀를 갖고 있지 않습니다. 그들은 이미지나 상징, 은유를 깨닫지 못합니다. 여러분이 시와 이미지를 인식하지 못한다면, 한 예로 요한계시록을 읽고 그 진정한 의미를 이해하기가 힘들 것입니다. 요한계시록은 강요가 아닙니다. 우리 시대는 요한계시록을, 폭력과 강요 아래 억압받고 고통당하는 사람들을 위한 소망의 선언으로 재발견했습니다. 예수 그리스도는 요한계시록 첫 장에서 영광 가운데 나타나십니다. 그분의 나타나심 가운데 가장 놀라운 장면은 하나님의 말씀이라는 칼이 그분의 입에서 나오는 장면입니다. 승리를 거두신 어린양의 능력을 나타내는 이 상징은 전 세계의 소망을 빼앗긴 이들에게 소망을 주었습니다.

　　　　　　　　　　　　　　

　　　　　★　　★　　★

첫 번째 강연에서 예수 그리스도를 설교하는 두 가지 방식(예수 케리그마와 그리스도 케리그마)을 소개했는데, 세 번째 강연에서 그 두 방식을 다시 다루겠습니다. '케리그마'는 선포 내지 공표를 의미하며, 특히 예수 그리스도의 복음을 공표함을 의미합니다. 저는 예수 케리그마를 정의할 때 공관복음에 있는 이야기들을 기초로 삼았습니다. 이것이 제가 주일마다 주류 교회들에서 듣는 설교이기 때문입니다. 그들은 예수께서 어떤 특정한 방식으로 살고 가르치셨기에, 우리는 순례자처럼 그분을 따르고 그 가르침과 모범에 의지해 살아가야 한다고 합니다. 그리스도 케리그마는 예수 케리그마를 '포함합니다만'―이를 인식하는 것이 중요합니다―거기에서 훨씬 더 나아가, 제자 도마의 말에서 나타나듯이 예수가 곧 주요 하나님이심(요 20:28)을 시종일관 담대하게 두려움 없이 공표하는 것입니다.

　예수 케리그마와 그리스도 케리그마의 차이는 교훈과 권고에 치중하는 설교, 그리고 좋은 소식과 역동적인 능력으로 불타오르는 설교 사이에 존재하는 모든 차이를 만들어 낼 수 있습니다. 예수에 관한 이야기가 십자가에 못 박히셨다가 부활하신 그리스도를 설교하는 것과 같지는 않습니다. 제가 가장 널리 듣는 설교는 우리에게 중요한 교훈을 가르쳐 주고, 우리가 따를 하나의 모범을 제시하며, 우리를 영적 여정으로 초대하는 어떤 인격체의 존재를 일깨워 주는 것입니다. 그것이 예수 케리그마입니다. 그분은 죄인들과 함께 식사했고, 소외된 이들을 환대했으며, 병자들을 고치고 나환자들을 어루만졌으며, 사랑과 평화의 복음을 선포했습니다. 진정 예수께서 그 모든 일을 하셨습니까? 그렇습니다. 심지어 예수 세미나도 그랬다는 데 동의합니다. 그런 일들이 예수가 누구였는지 일러 주는 열쇠입니까? 물론입니다.

그러나 우리의 모든 설교가 예수의 사역과 가르침에 관한 이야기에서 나온다면, 우리는 사복음서의 바탕에 자리한 테마이자 교회의 기초인 고그리스도론(high Christology)을 놓쳐 버릴 것입니다. 제가 방문하는 교회들에서 듣는 설교가 전하는 예수는, 네 번째 복음서가 말하는 성육하신 말씀도 아니며, 마가복음이 말하는 능력의 말씀으로 귀신들을 몰아내신 분도 아니며, 사도 바울이 말하는 온 우주의 '주'(kurios)도 아니며, 히브리서기 말하는 "높은 곳에서 지극히 높으신 분의 오른편에 앉으신"(히 1:3) 분도 아닙니다.

이 설교들은 심지어 공관복음의 그리스도론조차 그 배경 속으로 밀어 버렸습니다. 예수의 식탁 교제를 강조하면서도, 식탁에서 모든 이들을 받아 주시는 그 손님과 마지막 날에 우리를 심판할 자로 다시 오실 분을 연관 짓지 않습니다. 저는 예수께서 제자들을 부르시는 장면을 다룬 설교를 숱하게 들었습니다. "나를 따르라." 사람들은 보통 이를 '초대'로 묘사합니다. 사복음서, 그중에서도 특히 마가복음을 보면 이 말은 분명 '초대'가 아닙니다. 이 말은 입에서 나오는 즉시 효력이 발생하는 '명령'입니다. 여러분에게 묻겠습니다. 예수께서 "나사로야, 나오너라"라고 말씀하셨을 때, 나사로가 선택권을 갖고 있었습니까? 죽음이 선택권을 갖고 있었습니까?

예수 케리그마 자체가 사람들을 양육하고 덕을 세운다는 점은 인정해야 합니다. 하지만 예수 케리그마의 가장 우려스러운 결과는, 그것이 늘 모든 설교에서 하나님의 살아 있는 말씀이라는 설교의 혁명적 특질을 앗아 가는 권면으로 이어진다는 것입니다. 예수 케리그마는 예수를 한낱 어떻게 살아야 하는지 가르쳤던 위대한 종교 지도자쯤으로 축소해 버립니다. 그러나 예수 케리그마는 부활하여 통치하고 계신 요한계시록의 그리스도를 어떻게 다루어야 할지 모릅니다. 아니, 진실을 말하자면, 예수 케리그마는 공관복음으로 무엇을 해야 할지도 모릅니다.

저는 앞서 산상변모를 축소해 전하는 설교를 언급했습니다. 이 외에도 가령 예수께서 어부들을 부르시는 장면에 관해 오늘날 으레 선포되는 설교를 간략하게 살펴볼 수 있습니다. 저는 최근에 그런 설교를 한 편 들었습니다. 그 설교는 아주 매력 있게 전달되었는데, 그 점이 중요했습니다. 그러나 정작 복음의 능력은 사라지고 없었습니다. 그것은 케리그마가 아니었습니다. 그 설교에는 무조건 따라야 할 명령이라는 특질이 없었습니다. 오히려 본질상 초대에 더 가까웠습니다. 설교자는 마가복음에서 아주 중요한 말인 "즉시"를 빼버렸습니다. 누구도 거역할 수 없는 예수의 목적을 느끼게 해주는 말인데, 그 말을 빼버렸습니다. 그 설교는 오롯이 어부들이 생업을 그들의 의지로 버리고 떠났다는 점에만 초점을 맞췄습니다. 설교자는 그 점을 발전시켜 "그들의 자격은 오로지 그들의 의지에서 비롯되었습니다"라고 말했습니다. 인간의 가능성과 인간의 잠재력을 강조한 것입니다. 우리는 "여정을 시작하라는 부름을 받았습니다." 우리는 "발견의 길로 들어서라는 초대를 받았습니다".

제자들의 부름을 다룬 이 설교의 구성과 전달은 다른 대다수 설교들보다 나았습니다. 그러나 이 설교에는 성서 내러티브가 지닌 추진력이 없었습니다. 복음서 기자들은 어부들 자신의 의지를 강조하지 않습니다. 우리가 마태복음에서 만나는 것은 따를 의지가 없는 곳에서 그런 의지를 만들어 내는, 육이 되신 하나님 말씀의 능력을 내러티브로 묘사한 것입니다. 제가 들은 설교는 핵심이라 할 이 점을 통째로 빼버렸습니다. 그 설교는 하나님에 관한 설교가 아니었습니다. 그것이 그 설교에서 가장 부족한 점이었습니다. 그 설교는 우리에게 예수의 뒤를 따라 우리 자신의 이야기를 발견하라고 권유했습니다. 하지만 육이 되신 하나님의 아들이 이 땅에 나타나심이 바로 우리 스스로 '발견할' 수 없었던 방식으로 우리 이야기를 무너뜨리는 것을 의미한다면, 이런 설교는 아무런 의미가 없을 것입니다.

우리 인간에게는 하나님의 초대를 받아들일 만한 잠재력이 없습니다. 그것은 잘 방어하고 있는 우리 삶에 대한 침공이자, 다른 어딘가에서 온 어떤 능력이 우리의 그런 삶을 무너뜨리고 삶의 방향을 다시 정하게 하는 전복적 사건입니다.

힘(능력)과 자유의 관계라는 이 문제는 미묘합니다. 우리는 복음이 우리가 이해하려고 노력하지도 않는 삶을 살아가는 사람들 위에 올려놓은 오만하고 낯선 내러티브로 들리지 않도록 늘 주의해야 합니다. 이는 복음을 전하는 이들에게 주어진 가장 버거운 명령 가운데 하나입니다.

하지만 우리는 우리와 우리의 메시지를 거부하는 사람들을 자주 두려워한 나머지, 주해와 해석이라는 고된 일을 하는 대신에 우리 설교에서 모든 인류의 진정한 이야기, 우리가 로마서 5장 후반부에서 아주 분명하게 듣는 아담과 그리스도 이야기, 이레나이우스가 '총괄갱신'(recapit-ulation)이라 불렀던 이야기를 들려주어야 할 소명을 저버렸습니다. 참된 '메타내러티브'인 이 이야기는, 우리를 지배하려는 목적을 갖고 폭군 노릇을 하는 하나님이란 이가 우리에게 강요하는 무엇이 아닙니다. 오히려 우리 하나님의 이야기는 구속과 해방의 이야기가 경건하지 않은 온 인류의 이야기가 되도록 스스로 지극히 복종하는 자리까지 내려오셔서, 모든 이들의 이야기 속으로 들어오신 분을 전하는 좋은 소식입니다. 우리는 예수 그리스도 안에서 우리 자신이 자유인임을 처음으로 깨닫습니다. (우리는 이 지점에서 우리 자신에게 이렇게 물어야 합니다. '무엇에서 자유로운가? 무엇을 위한 자유인가?' 이는 세 번째 강연에서 다루겠습니다.)

이 모든 것 때문에 그리스도 케리그마는 진실로 모든 이들을 위한 복음이자 다른 이들을 지배하고자 하는 이들은 물론, 지배에서 벗어나려고 투쟁하는 이들을 위한 복음입니다. 그것은 역할이 바뀌어 약자가 지배자가 되어도 여전히 모든 이들을 위한 복음입니다. 이것이 인간이 저지르는 억압의 무한한 굴레에서 벗어나 우리에게 다가오는 유일한 능력입니다. 이것이 바로 사도 바울이 선언했듯이 **경건치 않은 자들을 의롭다 하는**(롬 4:5) 능력이기 때문입니다. 따라서 복음이 설령 모든 사람을 불쾌하게 만든다 할지라도, 그것은 분명 모든 사람에게 구원을 베푸시기 위한 하나님의 능력입니다. 이것이 바로 복음을 설교하는 이들에게 주어지는 도전입니다. 즉 복음이 다른 이들로 하여금 낯선 외인의 이야기를 살게 강제하는 힘이 아니라, 우리의 참된 이야기—이 행성에 사는 모든 인간의 참된 이야기—를 처음으로 우리에게 들려주는 능력임을 보여주는 것이 복음을 설교하는 이들이 마주하는 도전입니다.

저는 1975년부터 설교자였습니다. 제게 말할 것이 없고 새로운 생각이 없으며, 나누어 줄 것이 아무것도 남아 있지 않다고 느낀 적이 헤아릴 수 없이 많았습니다. 저는 제가 감당해야만 하는 이 여행에서 스릴을 얻곤 했습니다만, 그것은 오래전 일이었습니다. 몇 년 동안 저는 새로운 글을 쓰기를 두려워했고, 집을 떠나는 것도 두려워했으며, 공항에 가고 비행기를 타는 것도 두려워했습니다. 뭔가를 해보겠다는 '의지'가 전혀 없는 것입니다. 저는 끌려가며 발길질하고 소리를 지르고 있었지요. 그것은 '여행'도 아니고 '발견의 과정'도 아닙니다. 그것은 그와 다른 무엇입니다. **그것은 부름**(calling)**입니다.**

저는 근래 몇 년 사이에 제가 제공할 수 있는 어떤 것의 막바지에 이르렀다는 것을 진실로 여러 번 느꼈습니다. 그 몇 년에는 파치먼 강좌에서 강연해 달라고 초청받은 뒤의 몇 달도 들어 있습니다. 저는 그 강연 요청을 '즉시' 받아들였습니다. 그렇게 받아들였는데, 그러고 나서 무언기를 말해야 한다는 것에 숨이 턱 막혔지요. 바로 그때가 말씀의 능력이 이끌기 시작할 때입니다. 말할 것이 아무것도 없을 때, 성서의 가르침을 살펴봐도 그것이 제게 아무 말도 하지 않을 때, 더 이상 발걸음을 내디딜 수 없다고 느낄 때, 바로 그때에 성령의 역사를 통해 하나님의 능력이 발휘되기 시작합니다. 바로 거기서 설교가 나옵니다. 저는 자리에 앉아 컴퓨터를 열고, 성서 본문을 복사하여 컴퓨터 화면에 갖다 붙이는 대신 하나하나 타이핑하기를 거듭하면서 무언가 저를 붙들고 있음을 느꼈습니다.

따라서 우리는 하나님이 설교자들에게 주신 약속을 굳게 붙잡을 수 있습니다. 그러나 그런 약속을 설교자들에게만 주신 것이 아닙니다! 회중석에 앉아 있는 이들은 그들 자신을 '말씀을 들으라는 부름을 받은' 이들이라고 생각할 수 있습니다! 그것은 모든 회중을 위한 메시지입니다. 바울은 데살로니가 교회에 몇 마디를 적어 보냈는데, 그 말이 바로 이 순간 제 귀에 새로운 능력으로 다가옵니다. 바울이 써 놓은 살아 있는 말을 귀 기울여 들어 보십시오.

[우리가 아노니] 형제자매들아, 하나님의 사랑을 받은 너희를 그가 택하셨으니, 이는 우리 복음이 너희에게 말로만 이르지 않고 능력과 성령과 충만한 확신으로도 이르렀기 때문이다(살전 1:2-5, NASB).

또 우리가 이 때문에 하나님께 끊임없이 감사하니, 이는 너희가 우리[사도들]에게서 들은 하나님의 말씀을 받았을 때, 그것을 사람의 말로 받지 않고 진실로 그것이 하나님의 말씀인 것처럼 받았기 때문이니, 그 말씀이 너희 믿는 이들 안에서 역사하는도다(살전 2:13, ESV).

세 번째 강연

설교자를

위한

묵시신학

예수 케리그마와 그리스도 케리그마의 차이는 다양한 방법으로 식별할 수 있습니다. 저는 이 세 번째 강연에서 예수를 본받아야 할 인물로서 선포하는 것과, 온 우주 및 그 안에 있는 모든 것의 구속주요 주이신 분으로 선포하는 것을 구분해 보자고 제안합니다.

우리 시대에 유행 중인 예수 케리그마의 한 예부터 다루겠습니다. '급진적 환대'라는 용어가 주류 교회 전체에 자리 잡았습니다. 자신들을 지역 회중이라 묘사하는 회중이 이 용어를 언급할 때면, 실제로 그들이 이런 위업을 이룰 수 있는 것처럼 말합니다. 이와 같은 종류의 자기만족(self-congratulatory) 복음은 식탁에서 급진적 환대를 행하시는 주인이 마지막 날에 우리를 심판할 자로 오실 이와 동일한 분이라는 아주 중요한 사실을 밝혀 주지 못합니다. 어느 교회든 자신이 급진적 환대를 행한다고 선전하는 교회는 조만간 그들 안에 결코 포용할 수 없는 사람들이 있음을 깨달을 것입니다. 어떤 회중이나 그 가운데 있는 누구도 예수께서 하셨던 것처럼 귀신을 몰아내지 못하기 때문입니다.[1] '그리스도가 곧 승리자'(Christus Victor)임을 선언하지 않으면 신약성서는 상상할 수 없는 황홀한 비전으로 끝납니다. 새 예루살

렘을 다스리는 보좌에 등극하신 어린양이 혼인 잔치, 영원
히 패배한 큰 대적, "유리 바다 주위에 자신들의 금관을 던
지는" 모든 지상 나라의 통치자들이 그렇습니다.

　　저는 두 번째 강연에서 데스몬드 투투를 인용했습니
다. 그는 그를 억압하는 이들의 얼굴을 똑바로 바라보며 이
렇게 말했습니다. "여러분은 이기지 못합니다! 저는 그 책
의 마지막을 읽었습니다!" 그가 말한 책은 특히 요한계시록
을 의미했습니다. 급진적 환대를 복음으로 제시하는 것의
문제가 여기에 있습니다. 예수 케리그마 자체는 그런 결과
를 만들어 낼 수 없습니다. 그런 결과가 만들어지려면 우리
가 우리 자신의 선한 의도로 예수처럼 되어야 하기 때문입
니다. 급진적 환대를 종말론적으로 이해한다면, 글쎄요. 사
실 급진적 환대를 약속하는 교회들은 마치 그런 환대가 인
간이 할 수 있는 일인 것처럼 약속함으로써 결국 언제나 자
신을 파멸시키는 미덕의 범주를 암시하는 쪽으로 기울어지
는 경향이 있습니다. 교회가 스스로 우쭐해하는 곳에서는
인간의 노력을 무너뜨리는 정사와 권세가 늘 작동합니다.
따라서 정작 필요한 것은 급진적 '겸손'입니다. 인간에게
능력이 있음을 아주 뻐기며 주장하지 말고, 인간의 시도에

흠이 있음을 인정하면서 성령이 바로잡아 주실 것을 구하는 급진적 '겸손'이 필요합니다.

저는 이런 맥락에서 아시시의 성 프란체스코처럼 본이 될 만한 인물들의 이야기를 수없이 언급하는 설교가 사람을 억압한다는 것을 발견하기 시작했습니다. 저는 결코 성 프란체스코가 되지 않을 것입니다. 프란체스코가 본인을 '성 프란체스코'라 생각했는지는 확실히 모르겠습니다. 테레사 수녀는 일기에서 홀로 있는 순간에는 자신이 '성 테레사'가 아님을 알고 있었음을 보여줍니다. 성서에는 성인전(聖人傳, hagiographies)이 전혀 없습니다. 우리는 분명 그리스도를 닮은 온전함을 죽을 수밖에 없는 이들에게 되비쳐 주어야 합니다. 하지만 그렇게 되비쳐 줘야 할 필요성은 결국, 의로우신 하나님 앞에서 누구에게도 의롭다 함을 가져다주지 못하는 "율법의 행위"(갈 2:16)에 기초한 흠 있는 인간론으로 이어집니다.

예수 케리그마에는 시대의 전환을 말한 바울의 근본 메시지, 곧 그리스도 강림을 '미래의' 역사로 완전히 새롭게 들어가는 것으로 보는 메시지가 빠져 있습니다. 신약성서의 다른 책들은 공관복음의 묵시에서 요한계시록에 이

　　　　　　세 번째 강연: 설교자를 위한 묵시신학

르기까지 이런 묵시적(종말론적) 시가 전환을 다양하게 묘사합니다. 구약성서는 그것을 다양한 시각에서 예언하는데, 특히 포로기 이후의 예언자들이 그러합니다. 포로 출신으로서 환상을 보는 비범한 인물이 그런 예언을 끈질긴 메시지 안에 담아 선포합니다. "내가 새 일을 행하리니……너희가 그것을 알지 않느냐?"(사 43:19; 40-55장 참조) 우리의 인식 능력이 죄로 말미암아 뒤틀려 버렸기에, 우리에게는 인식 능력이 없다는 말씀입니다. 하나님만이 볼 눈과 들을 귀를 주실 수 있습니다.

그리스도 케리그마는 인간의 자기기만을 제어합니다. 회중에게 예수를 본받아 실제 행동으로 옮기라고 권면하는 설교들은 성서신학을 그 근원에서 풀어놓습니다. 덕분에 그것은 아무런 매임도 없이 오만한 자리에 있게 되고, 인간의 추정(human presumption)을 견제할 경계표지(markers)도 전혀 없게 되었습니다. 혹자는 모든 시대가 '현대 우월주의'(presentism), 말하자면 우리가 오늘날 믿는 것이 전에 있던 것보다 당연히 더 낫고 미몽에서 벗어났으며, 더 진보했고 더 고결하다는 확신의 죄를 지었다고 생각할지도 모르겠습니다. 그러나 제가 볼 때 오늘날 마주하는 다양한 현대 우월주의는 하나같이 그 나름의 특별한 오만함을 갖고 있는데, 자주 지켜지지 않는 과학과 특히 기술의 약속이 그런 오만함을 낳은 이유 가운데 하나입니다.

저는 이런 맥락에서 「뉴요커」(*New Yorker*)의 탁월한 필자인 조지프 미첼이 언젠가 말했던 것을 인용해 보고 싶습니다. 여러분은 미첼을 모르실 수도 있습니다만, 그는 저술가들 사이에서 존경받는 인물입니다. (제가 뉴욕 그레이스 교회에 있을 때, 그는 그 교회 교구 위원이었습니다.) 그가 생애 마지막 10년을 보낼 때(그는 1996년에 세상을 떠났습니다), 어떤 젊은 기술 애호가가 그에게 세계가 지금까지 본 것 가운데 가장 위대한 정보 고속도로를 소유하고 있다는 정보를 오만하게 일러 주었습니다. 미첼이 그 말을 듣고 이렇게 말했습니다. "잘 듣게. 어떤 정보 고속도로도 없네. 자네에게 일러 줄 정보가 있어. 자네는 앞으로 **반드시 죽을** 걸세. **그게** 정보네."[2] 모든 설교자의 생각 뒤편에는 틀림없이 그 진리가 자리하고 있을 겁니다. '우리는 모두 죽을 것이다.' 제가 아는 또 다른 저술가 애니 딜라드는, 저술가란 자신이 죽을 것을 아는 사람이라고 거듭 말했습니다. 죽음이라는 사실은 우리가 고결한 일을 이룰 수 있다는 주장에 다른 면모

 세 번째 강연: 설교자를 위한 묵시신학

를 부여합니다.

　신약성서는 죄와 죽음과 마귀를, 많든 적든 동의어로 제시합니다. 이런 모습은 특히 바울 서신에서 분명하게 나타나는데, 바울은 이 "악한 시대"(갈 1:4)의 통치자들에 관해 말합니다. 죄와 죽음이라는 힘은 율법을 무기로 휘두르며(롬 5:12-14) 인류를 속박하고, 사실상 온 우주를 속박합니다(롬 8:21).[3]

　살아오는 동안 마귀에 관한 제 생각에 큰 변화가 있었습니다. 계몽주의가 등장한 뒤, 사람들은 사탄에 관해 진지하게 말하는 것을 터무니없다고 여겼습니다. 아마 무지몽매한 시골의 가난한 사람들이나 그러리라고 여겼을 것입니다. 따라서 해석자들이 특히 예수 자신에 관한 이야기를 비롯하여 신약성서가 귀신과 관련된 차원을 허다히 언급한 곳들을 피하려면, 틀림없이 화려한 발놀림을 수도 없이 펼쳐야 했을 것입니다. 하지만 2차 세계대전이 끝난 뒤, 중대한 변화가 일어났습니다. 그 가운데 일부는 그리스도인이고 다수는 비그리스도인인 진지한 사람들은, 우리가 철저한 악에 관하여 제대로 말할 능력을 잃어버렸다는 것을 깨닫기 시작했습니다.[4] 꽤 많은 학자들과 공적 지식인들이

플래너리 오코너가 '악한 지성'이라 불렀던 것에 관해 진지
하게 이야기하고 쓰기 시작했습니다.

> 우리 구원은 마귀와 함께, 곧 그저 일반화된 악에 그치지
> 않고 자신이 우월함을 단호하게 고집하는 악한 지성인
> 마귀와 함께 펼쳐지는 드라마다.[5]

> 나는 [내 작품에서] 마귀가 단순히 이런저런 심리 성향이
> 아니라, 마귀로서 식별된다는 것을 확실하게 밝혀 보고
> 싶다.[6]

이리하여 성서 해석자들은 신약성서 안에 시종일관
존재하는 것에 주목하기 시작했습니다. 물론 계몽주의 이
후의 해석자들은 그런 일을 상당히 효과 있게 억눌렀습니
다. 전쟁 전에 몇몇 독일 학자가 이미 이런 상황을 지적했
습니다만, 그 테마는 전쟁 뒤에야 비로소 완전하게 나타났
습니다. 전쟁 뒤에는 여러 도시들을 단번에 다 쓸어 버릴
수 있는 폭탄을 배치하고, 무엇보다 기독교 세계라는 유럽
의 중심부에서 수백만의 유대인, 동성애자, 집시, 의견을

달리하는 사람, 발달장애인들을 마치 도축하듯 집단 학살한 것처럼, 역사에 선례가 없는 사건들을 숙고하고 설명할 언어를 발견해야 했습니다. 우리에게는 이런 것을 표현할 범주들이 없었습니다. 사탄의 일(*Satanic*)이나 귀신의 일(*demonic*)이라는 말이 이를 표현할 수 있는 유일한 말 같았습니다.

사람들은 보통 에베소서를 특별히 종말을 다룬 책으로 생각하지 않습니다만, 신약성서에서 종말론적(묵시적) 우주론을 에베소서만큼 간결하면서도 선명하게 밝힌 곳이 없습니다.

> 하나님의 전신 갑주를 입으라. 그리해야 마귀의 계략에
> 맞설 수 있으리니, 이는 우리가 혈과 육에 맞서 싸우지
> 않고, 정사에 맞서, 권세에 맞서, 이 어둠의 세상을
> 다스리는 자들에 맞서, 하늘에 있는 악의 영들에게 맞서
> 싸우고 있기 때문이다(엡 6:11-12, RSV).[7]

여러분은 이 구절에서 온 우주를 아우르는 신약성서라는 극장을 만납니다. 무대 위에 올라와 있는 배우는 하

나님과 인간만이 아닙니다. 둘만 있지 않습니다. 출연자가 셋입니다. 세 번째 출연자는 정사와 권세라는 군대, 곧 "이 어둠의 세상을 다스리는 자들", "하늘에 있는 악의 영들"을 지휘하는 대적입니다. 그것이 여러분 앞에 제시된 우주론입니다. 죄와 죽음이 가져온 결과는 모든 곳에 있습니다. 우리는 하늘의 처소를 찾아 이 어둠에서 도망할 수도 없고, 심지어 이 땅에서 하늘의 처소[8]를 찾을지라도 도망할 수 없습니다.

표지에 강과 산의 아름다운 광경을 실어 놓은 교회 주보들은 섬뜩한 사실을 감추고 있습니다. 많은 사람들이—저도 여기에 포함됩니다—자연에서 과거에 얻곤 했던 것만큼 많은 기쁨을 얻지 못한다고 말합니다. 인간의 탐욕이 자연에 저지른 과오의 결과를 보여주는 자취가 너무나 많기 때문입니다. 우리가 전에는 깨닫지 못했지만, 자연도 타락한 세계의 일부요, "인정사정 봐주지 않고 물어뜯는" "이 어둠의 세상을 다스리는 자들"의 통제 아래 있는 인간 본성의 날뜀에 취약합니다. 시인 윌리엄 블레이크는 세상 사람들이 널리 성애(性愛)의 상징으로 인정하는 붉은 장미를 공격하는, 눈에 보이지 않는 대적에 관한 매력 넘치는 시를 한 편 썼습니다.

> 오 장미여, 네가 아프구나.
> 눈에 보이지 않는 벌레가
> 밤에 울부짖는 폭풍 속에서
> 날아다니다가
> 진홍 기쁨이 담긴
> 네 침상을 알아냈도다.
> 그의 어두운 은밀한 사랑이
> 네 생명을 파괴하도다.

가장 절묘한 자연 현상과 가장 소중한 인간의 친밀감이 기쁨의 마음을 파고드는 "눈에 보이지 않는 벌레"에게 침공당하고 있습니다.

생물학적 본성이나 인간의 독창성에는 마귀의 계략에 휘둘리지 않는 것이 하나도 없습니다. 다정한 페이스북과 활달한 틱톡에 사탄의 무리가 침투하리라고 누가 생각했겠습니까? 제약회사들의 목표가 사람을 돕고 치유하는 데서 거대한 부로 자기를 살찌우는 탐욕의 제국을 세우는 것으로 바뀐 이유는 무엇 때문입니까? 인간이 어떤 대가를 치르더라도 부와 명성을 얻으리라는 유혹에 맞설 수 없게 된 것처럼 보이는 이유는 무엇입니까? "진홍 기쁨이 담긴 침상"인 성관계의 영역 전체가 착취와 도착에 아주 취약하게 된 것은 무엇 때문입니까? 그것은 우리가 싸우는 대상이 육과 혈이 아니라 "이 어둠"이기 때문입니다.

에베소서는 사탄의 이름을 많이 언급합니다. 사도 바울이 썼다는 데 아무도 이의를 제기하지 않는 서신들을 보면, 보통 사탄을 언급할 때 이름을 말하지 않습니다. 그런데 에베소서는 정사와 권세에 관해 이야기하며, 무엇보다 "이 어둠의 세상을 다스리는 자들"의 이름을 언급합니다. 바로 죄와 죽음입니다. 저와 같은 생각을 가진 많은 바울 학자들은 이런 단어를 대문자로 표시하여, 그들이 권세들(Powers)이라는 지위를 갖고 있음을 나타냅니다. 죄와 죽음은 추상 개념이 아닙니다. 그것은 그들 나름의 독립적 지위와 죽이려는 목적을 지닌 권세들을 가리킵니다. 그것은 하나님의 일을 파괴하려 합니다. '대적'(Adversary)이라는 말이 사탄을 가리키는 표현으로 쓸모가 있는 이유는, 우리가 그 말을 들으면 언제나 악의가 담긴 적극적 반대 활동을 떠올릴 수밖에 없기 때문입니다. 그 말은 모든 것을 소모하며 하나님과 벌이는 갈등을 가리킵니다. 하나님이 없으면 대적도 존재할 이유가 없습니다. 대적은 하나님의 목적에 빌붙어 사는 기생충입니다. 전승은 늘 사탄이 스스로 있는 독립 존재가 아님을 일러 줍니다.

사탄이 타락한 천사라는 개념도 그렇게 생겨났습니다.[9] 그 이미지에는 여러 문제가 있습니다. 전승은 언제나 하나님이 악을 창조하지 않았다고 주장해 왔지만, 그 개념은 적어도 사탄에게 종속적 본질이 있음을 말해 줍니다.[10] 사탄은 하나님의 허락이 있어야만 존재합니다. 그렇게 말하는 것 자체가 거슬리긴 합니다. 하나님은 왜 대적의 존재를 허락하실까요? 사탄은 왜 그리도 많은 여유를 가진 것처럼 보일까요? 아주 솔직하게 말하면, **우리는 모릅니다.** 그러나 그와 달리 믿는 것은 곧 하나님과 사탄이 동등한 힘을 갖고 있고 동등한 존재임을 인정하는 셈이 될 것입니다. 교회의 위대한 전통은 그런 생각을 언제나 단호하게 거부했습니다.

성서의 우주론은 일찍이 없었던 위협을 받고 있는 지구에서, 존재가 맞닥뜨린 도전에 맞서 하나님 말씀에 기초하여 설교하고 가르치며 살아갈 전략을 제공합니다. 우리가 우리 자신에게 입히고 있는 해(damage)는 기하급수적으로 늘어나고 있으며 우리 손을 벗어난 것처럼 보입니다. 매일 잔혹한 뉴스가 끊임없이 이어집니다. 세계 민주주의에서 문명의 옷을 입은 모든 것의 기초인 영국의 불문법도 이제 더 이상 그 기초가 안전하지 않습니다. 지난 70년 동안 대서양을 가로질러 서구 세계를 하나로 묶어주었던 프로젝트도 산산이 부서질 위험에 처해 있습니다. 한때 식민지였던 민주주의 국가 가운데 가장 성공을 거둔 국가인 인도는 한 힌두교 민족주의자*의 인도 아래 우경화가 강해지고 있습니다. 폴란드에서는 자랑스러운 로마 가톨릭 연대 운동이 1989년이라는 위대한 해에 승리를 거두었으나, 이제는 민족주의를 앞세운 우익 그룹들이 등장하면서 밀려나 버렸습니다. 이스라엘과 팔레스타인이 화합을 이루리라던 소망도 시간이 지날수록 더욱더 멀어져 가는 것 같습니다. 이슬람 테러리즘도 이제는 국내의 테러리즘 못지않게 두려운 존재가 되었습니다. 우리가 미국

---

*　현재 인도 총리인 나렌드라 모디를 일컫는다.

 　　　　　　　　세 번째 강연: 설교자를 위한 묵시신학

의 어린이들이 학교 가기를 두려워하는 때가 오리라고 예
상이나 했습니까? 아주 어린 아이들이 마우스를 두세 번
만 클릭하면 포르노 영상에 접근할 수 있는 날이 오리라
고 상상이나 했습니까? 반창고와 베이비파우더를 만드는
존슨앤존슨이 자기 회사의 과학 고문들이 제시한 경고를
버젓이 무시한 채 오피오이드(opioids, 아편 비슷한 합성약품)
를 파는 범죄를 저질렀다는 것이 들통나고, 지구상에서
가장 존경받는 예술 후원자인 새클러 집안(Sackler family)
이 존슨앤존슨처럼 오피오이드 중독을 야기할 수 있는 이
들임이 발각된 마당에, 우리가 과연 그들을 신뢰할 수 있
을까요? 그리고 인공지능이 우리 목을 타고 그 숨을 불어
넣으면서, 진리라는 개념 자체가 우리 손에서 빠져나가는
것 같습니다.

우리는 교회에서도 그것과 비슷한 (그리고 그것과 관련이
있는) 기능장애를 봅니다. 비단 개인뿐 아니라 온 무리를 위
한 정의를 추구하는 것이 오늘날 교회에 부여된 명령 가운
데 일부라는 생각에 극심히 반대하는 견해가 있습니다. 여
태까지 역사를 통틀어 기독교가 펼친 대중 운동 가운데 가
장 강력했던 것이 민권 운동이 아닐까 싶습니다. 그것은 교

회가 오로지 개인의 친절한 행동에만 초점을 맞추는 것으로는 충분치 않다는 것을 우리에게 가르쳐 주어야 했습니다. (두 사례만 들어 보면) 조지타운 대학교와 버지니아 신학교가 그들의 기관을 세우고 노예들을 착취했을 때, 사탄의 힘이 선한 의도를 지닌 시민 그룹 전체를 사로잡았습니다. 그 시민들은 자신들이 그런 상태라는 것을 알아차리지 못했지요. 일부 영역에서는 주류 교회들이 이제는 '각성'이라는 말로 경멸하듯 부르는, 사회정의를 추구하는 운동을 포용함으로써 해를 입었다고 주장하기도 합니다. 이런 적대적 입장이 계속하여 탄력을 받는다면, 우리가 배운 모든 것을 저버리는 일이 될 것입니다. 오히려 '각성' 교회들이 사회정의를 복음에서 유기적으로 '발전'시키기보다, 예수 그리스도의 복음을 아예 사회정의를 추구하는 것으로 '대체'해 버릴 때 신학적 문제가 발생합니다.

이른바 보수적 그리스도인들이 복음 설교에서 사회운동을 유기적으로 발전시키는 것을 떠올리려면 도움이 필요합니다. 일부 교회들이 철의 장막 뒤에서 봉기했을 때 옛 소련의 지배가 막을 내리기 시작했습니다. 특히 동독의 작은 프로테스탄트 셀 그룹들, 그리고 교황 요한 바오로 2

　　　　　　　　　

세*의 지도 아래 폴란드에서 일어났던 자유 노조가 주목할
만한 예입니다. 그러나 더러운 전쟁(Dirty War)** 동안의 아
르헨티나에서 그랬던 것처럼 교회가 저항하지 않을 때는
귀신에게 사로잡힌 이 세상 통치자가 완전한 지배권을 가
집니다. 근래 남부 국경을 통해 미국으로 들어오려는 절박
한 사람들—이 가운데는 아주 어린 자녀들을 데리고 온 이
들이 많았습니다—을 검거할 때, 다른 주에서 우리를 방문
한 한 유대인 친구가 저녁 식사 자리에서 갑자기 격정적 연
설을 쏟아냈습니다. 성직자들은 어디 있습니까? 랍비들은
어디 있습니까? 그리스도인과 유대인은 어디 있습니까?
왜 우리는 국경에 있는 가족들에게 정의를 베풀고 그들을
인간답게 대우하라고 요구하며 워싱턴으로 행진하지 않습

---

*　폴란드 출신으로 1978년부터 2005년까지 264대 교황을 역임했다.

**　아르헨티나 군사 정권이 1976년부터 1983년까지 가톨릭교회의 묵
인 아래 이른바 국가를 다시 편성한다는 이름으로 사회주의자, 페론
주의자, 민주주의를 요구하는 학생들을 고문하고 강제 수용하고 테
러를 가했던 것을 일컫는 용어로, 남미 여러 나라에서 이런 일이 일
어났다.

니까?*

정녕 왜 그리하지 않습니까? 우리의 용기는 어디 있습니까? 이 시대를 인도할 만한 큰 도덕 지도자는 어디에 있습니까? 저는 모르겠습니다.

저는 이 모든 것의 힌트를 두 번째 강연에서 제시했습니다. 이른바 보수 교회들은 계속하여 하나님과 인간이라는 두 주체만을 생각하면서, 낙태와 성매매 같은 몇몇 영역을 제외한 다른 영역에서는 귀신의 차원에 맞서는 투쟁을 무시해 버리는 반면, 늘 비판에 몰두하는 진보 교회들은 (가령) 환경 위기와 '흑인의 생명도 소중하다 운동'(Black Lives Matter)**에 참여합니다. (사탄으로도 알려져 있는) 스크루테이프는 이렇게 분열된 교회를 보며 아주 즐거워합니다. 오늘날 보수 교회들이 여성의 역할에 관한 특정 견해에만 매몰되어, 정작 정치 영역에 실재하는 악한 영적 권

---

* 1963년 8월 28일, 마틴 루터 킹의 인도 아래 아프리카계 미국인에게도 자유와 직업을 허용할 것을 요구하며 펼쳤던 워싱턴 행진을 연상케 한다.

** 경찰을 비롯한 법집행 기관이 아프리카계 미국인에게 유달리 폭력을 많이 휘두른다고 비판하며 일어난 비폭력 불복종 운동.

세(귀신의 차원)에 대해서는 철저히 침묵하는 현실은 참으로 기괴합니다. 그런데 특히 요한계시록이 심히 정치적임을 (그리고 다니엘, 스바냐, 스가랴의 후반부 역시 그러함을) 밝힌 주석들이 확산되는 모습이 거듭거듭 나타났습니다.[11]

　　누가 힘을 갖고 있습니까? 힘이 어떻게 사용되고 있습니까? 사회 꼭대기에는 누가 있고 사회 밑바닥에는 누가 있습니까? 그러나 묵시문학의 진정한 특징은 그것이 거대한 캔버스 위에서 작동한다는 점입니다. 이런 종류의 문학이 이야기하는 대상은 분명 개인이 아니라 시온 '백성'이며, 그 무대는 온 우주입니다. 요한계시록의 첫 몇 장이 언급하는 유명한 일곱 교회에 관한 설교를 듣는 것은 드문 일이 아닙니다만—이 교회들에 관한 것은 설교하기가 그래도 쉽습니다—요한계시록 스물두 장 전체를 아우르는 방대한 캔버스에 관한 설교를 듣는 경우는 드뭅니다.[12] 거대한 지정학적 실체, 정사와 권세(바벨론과 그 위성국가들)의 역할, 온 피조 세계에 다가오는 심판, 그리고 무엇보다 궁극의 승리를 거두는 하나님 나라의 도래를 이 요한계시록에서 듣게 됩니다. "이 세상 나라들은 우리 주와 그의 그리스도의 나라가 되고, 그가 영원무궁토록 다스리시리라"(계

11:15, NKJV).

저는 시대가 다른 종류의 설교를 요구한다고 믿기에, 제 작은 영역에서나마 그런 설교의 모델을 보여주려고 했습니다. 저는 우리가 전하는 설교가 신약성서의 시나리오와 이 시나리오의 뿌리들, 곧 포로기 이후로 형성된 구약성서 본문들에서 나와야 한다고 믿습니다.[13] 아주 간단히 말하면, 이것은 특별한 우주론입니다. 이 우주론을 보면, 육이 되신 아들이 누구에게도 점령되지 않은 중립 영역으로 오신 것이 아닙니다. 이에 관하여 미로슬라브 볼프는 그 권위를 유지하려고 굳게 결심한 어떤 힘이 이미 점령한 세상에 예수께서 어떻게 나타나셨는지를 폭넓게 썼습니다. 천지를 뒤흔들어 놓은 성서학자 에른스트 케제만은 1950년대에 이 묵시적 시나리오를 활짝 열었으며, 그 뒤로 영향력 있는 신약학자 집단이 그것을 토대로 연구 작업을 펼쳤습니다. 케제만의 딸 엘리자베트가 더러운 전쟁이 벌어지는 동안 아르헨티나 정부에게 고문을 받고 죽임당한 것은 우연이 아닙니다.

오늘날 미국의 복음주의자인 우리는 묵시적 관점에서 세상을 바라보고 그 흐름에 맞설 의지가 부족해 보입니다.

우리 사회의 문제는 단순히 개개인이 범죄 치원으로만 이해할 수 있는 수준이 아닙니다. 한 개인의 회개와 회심은 하나님이 "눈에 보이지 않는 벌레"에게 거두실 궁극적 승리를 미리 보여주는 표지일 뿐, 그것만으로는 성서가 말하는 거대한 우주적 전쟁을 모두 설명할 수 없습니다. 한 예를 들어 보면, 인터넷을 통한 악의 확산은 "이 세상 통치자"(요 14:30)가 일대일 전투를 넘어 멀리 떨어진 전장에서 우리에게 싸움을 걸고 있음을 분명히 보여주는 징표입니다.

저는 우리에게 지금과 다른 설교와 가르침 모델, 곧 성서의 우주론에서 나온 모델이 필요하다고 믿습니다. 칼 바르트에게 영향을 준 19세기의 블룸하르트와 20세기 중반의 디트리히 본회퍼, 그리고 21세기의 윌리엄 윌리몬 같은 설교자들에 이르기까지 많은 모델이 우리에게 있습니다. 이 설교 모델들은 성서와 고전 기독교 교리에 흠뻑 젖어 있으면서도 각각의 환경에서 개인이 저지르는 죄라는 영역에만 조용히 머무르기를 거부합니다. 윌리몬은 이렇게 썼습니다. "교회는 세상을 향해 정중히 말하기보다, 오히려 제국주의식 사업에 가까운 측면을 더 많이 갖고 있다."[14]

그러나 우리는 하나님의 어린양이 다스리는 제국이

보통 말하는 의미의 제국이 아님을 기억해야 합니다. 이제
는 처칠식(Churchillian) 용어를 따라 악의 세력들에 맞서는
선량한 기독교 서구 세계를 더 이상 생각할 수 없습니다.
신문 연재만화의 캐릭터 포고*가 남긴 불멸의 말처럼, "우
리는 적을 보았으며 적은 우리 안에 있습니다." 이것이 묵
시적(종말론적) 시나리오의 핵심에 자리하고 있습니다. 우리
친구 포고가 "그(우리의 적)는 나 자신이다"라고 말하지 않음
에 주목하십시오. 이는 우리 상황을 개인주의 관점에서 진
단한 것이 아니며, 한 번에 한 죄인을 가리키는 것도 아닙
니다. 우리는 상황을 정확하고 예리하게 파악해야 합니다.
세상에서 활동하고 있는 거대한 세력들이 있으며, 우리 가
운데 누구도 그 세력들에게서 자유롭다고 주장하지 못합
니다. 오로지 개인 한 사람 한 사람의 구원만을 말하고, 온
전한 가정이 가득한 교외에서 평화롭게 지내며 번영하는
교회를 가정하는 성서 해석은 제구실을 할 수 없습니다.

따라서 우리의 설교는 크나큰 도전을 받고 있습니다.

---

* 미국 만화가 월트 켈리가 만들어 낸 캐릭터로, 1948년부터 1975년까
지 여러 신문에 연재되었다.

 세 번째 강연: 설교자를 위한 묵시신학

우리는 이런 도전에 위축되어서는 안 됩니다. 하나님의 진신 갑주를 입고 "이 어둠의 세상을 다스리는 자들"에게 맞서는 것도 우리 소명의 일부입니다. 초기 교회의 역사, 순교자들을 배출한 그 교회, 사도들에 이어 설교자들의 생명을 내놓았던 그 교회가 우리에게 용기를 주어야 합니다. 제가 첫 강연에서 언급했듯이, 예수 그리스도 안에 있는 하나님 말씀의 묵시가 설교자들에게서 확신을 불러일으켜야 합니다.

우리 시대의 거절은 '좋아요'와 연결되어 있습니다. 저는 소셜 미디어를 꾸준히 사용하고 있습니다. 제 팔로워 가운데 약 75퍼센트가 목사이고, 나머지는 평신도와 몇몇 학자입니다. 4년이 넘는 시간 동안, 저는 확실한 흐름을 하나 간파했습니다. 아니, 아예 확실한 사실이라 불러도 될 것 같습니다. 제가 트위터에 기도와 관련한 경건한 글, 좋아하는 찬송 가사 혹은 성서 해석에 관한 짧은 글을 올리면, '좋아요' 숫자가 아주 빠르게 늘어납니다. 그런데 사회정의나 기후 변화, 난민과 이민자 문제를 다룬 글을 트위터에 올리면, '좋아요' 숫자가 급격히 떨어집니다. 제가 이를 심각한 문제라 여기는 이유는 제가 '좋아요' 받기를 좋아하기 때문이 아니라(물론 저도 '좋아요' 받기를 아주 좋아합니다), 모든 그리스도인이 우리 세계에서 늘어나는 여러 위기에 깊은 관심을 가져야 한다고 생각하기 때문입니다. 그런 모습은 우리에게 어떤 세계관을 가지기를 요구합니다. 미국의 그리스도인들은 세계관을 갖고 있습니까? 저는 의문이 듭니다. 만일 어떤 세계관을 갖고 있다면, 그 세계관이 우리 설교에 나타납니까?

저는 교회의 사회정치에 관한 이 짧은 아마추어 연구를 진행하면서, 소셜 미디어는 물론, 필시 제가 블로그에 올린 글에서도 나타날 법한 또 다른 흐름을 본다는 점을 언급하지 않을 수 없습니다. 제가 속한 교파와 다른 주류 교파들에서 제 글을 읽는 이는 극소수입니다. 제 팔로워 가운데 대다수는 훨씬 많은 독립 교회와 근래에 만들어진 교회 출신입니다. 저는 이것이 우리가 오늘날 갖고 있는 것 가운데 일부분이라고 생각합니다. 더 큰 교회 안에서 다소 정반대 입장에 있는 분파들입니다. 한편을 보면, 독립 교회와 거의 다름없는 교회들과 어떤 그룹에서 떨어져 나간 교회들이 있습니다. 이들은 아주 한정된 시각으로 성서와 믿음에 다가가는 것이 전문이지요. 그들은 정치 영역

    세 번째 강연: 설교자를 위한 묵시신학

에 깊이 관여할 때 보통 총기 보유(찬성), 성별 유동성(gender fluidity)(반대), 낙태(반대)처럼 극소수 이슈에만 초점을 맞춥니다. 다른 한편을 보면, 거의 오롯이 사회 활동에 전념하고 예수 이야기는 고명처럼 조금 첨가하는 그룹으로 보이는 주류 회중의 비율이 높습니다.

따라서 우리는 미국 프로테스탄트 기독교 내부의 두 주요 그룹[15]이 본질상 서로 상대에게 아무 말도 하지 않고 있는 심히 불행한 상황에 있습니다. 제가 갓 성인이 되던 1950년대에도 이런 흐름이 이미 있었습니다만, 1960년대 말에 이르러 급속히 진행되었으며, 신학 교육도 이 흐름에 매우 큰 영향을 받았습니다. 이에 해당하는 사례를 하나만 들어 보겠습니다. 저는 근래 주요 신학교 가운데 하나가 교의학 내지 조직신학 강의를 더 이상 제공하지 않는다는 말을 들었습니다. 그 대신 '구성신학'(constructive theology)을 추천한다고 합니다. 어떤 사람은 이를 보면서 주류 교파에서는 조직신학을 파괴적―억압적이고 식민주의적이며 여성혐오적 등등―이라 생각한다고 결론짓습니다. 따라서 우리가 만일 새로운 시각을 가져오고 옛 방식을 재고할 수 있다면, 우리는 더 계몽된 신학을 가질 것입니다. (사실상 모든 사람이 존경하는 것처럼 보이는 디트리히 본회퍼가 루터교 신학에 깊이 뿌리박은 사람이었다는 것은 주목할 만합니다. 그는 감방에 갇혀 있을 때, 말하자면 거대한 보수 체제의 통치 아래 붙잡힌 채 그가 교육받았던 고대 전통들에서 급진적 힘을 끌어냈습니다.)

따라서 이는 더 급진적이면서도 더 깊이 뿌리 내린 믿음을 설교할 것을 요구합니다.

제 시각에서 볼 때, 저의 청중은 아주 젊습니다. 그러나 역시 우리 모두는 죽음의 통치를 받으며 살아갑니다. **그것이 진정한 정보입니다.** 성서가 우리에게 말하는 모든 것이 그런 시각에서 나옵니다. 우리는 죽은 자들입니다. "죄 [안에서] 죽은……이 세상 흐름을 따라"(엡 2:2). 에덴 이후로 우리에게는 죽음이라는 낙인이 찍혔습니다. 그것을 바꿔 놓는 일이 전혀 일어나지 않았습니다. 과학의 진보도 없었고, 대도약도 없었으며, 인간이 개선되리라는 희망도 없습니다. 오늘날 실리콘 밸리 사례보다 많은 가르침을 주는 사례도 없습니다. 페이스북을 만든 사람은 자신이 세상을 더 좋게 바꿔 놓으리라고 믿었습니다. 최근에 저는 평생을 바쳐 어린 자녀들을 인터넷에서 떼어놓으려고 애쓴 여인을 다룬 뉴스 기사를 읽었습니다. 그녀는 자신이

   세 번째 강연: 설교자를 위한 묵시신학

정사와 권세에 맞서 싸우고 있음을 알고 있었습니다. 그녀는 이렇게 말합니다. "그의 방에는 리틀 조니*가 있고 그의 밸리(Valley)에는 마크 저커버그**가 있습니다."[16] 조니에게는 기회가 없었습니다. 에베소서는 계속하여 이렇게 말합니다. "이 세상 흐름"이 "공중의 권세를 잡은 제왕, 곧 불순종의 아들들[곧 우리 성인들] 안에서 역사하는 영"을 뒤따릅니다(엡 2:2, ESV).*** 인간의 어떤 구성물(이 구성물에는 '구성신학'도 포함됩니다)도 마귀의 계략에 맞설 수 없습니다. 밖의 마귀는 곧 안의 마귀이기도 하기 때문입니다. 따라서 인간의 능력 범위 밖에서 개입하는 것이 없으면 어느 누구도 안에 있는 마귀에게 맞설 수 없습니다. 그것이 온 우주 차원의 대결이며, 이 대결이 수난 내러티브를 형성합니다. 설교자가 하는 일은 어떤 의미에서는 무섭습니다. 그것은 승리하신 그리스도가 살아 계심을 상기시킨 뒤 그를 위해 특히 애쓰는 것입니다.

---

*　성적 농담을 던져 어른 청취자를 매우 당황스럽게 하는 캐릭터.

**　페이스북 설립자.

***　개역개정에서는 "뒤따르지 않고" 앞에 나온다.

수난 내러티브와 그 앞에 나오는 모든 것이 그 절정으로 치닫습니다. 설교의 결말이 대단히 중요합니다. 많은 설교들이 마지막 부분에서는 힘이 사라지면서 흐지부지 끝나 버립니다. 여기에는 한 가지 공통 원인이 있습니다. 설교자들이 설교의 첫 3분의 2 부분을 준비하는 데 아주 많은 에너지를 쏟다가(성서에 관한 설명을 업데이트하는 데 아주 많이 집중하고 아주 많은 예화와 일화를 준비하느라) 정작 마지막 부분에 이르면 쓸 시간과 연료가 소진되어 버리기 때문입니다. 하지만 이보다 중요한 이유는 많은 설교자들이 위험을 무릅쓰고라도 마지막에 강력한 요구를 제시하라는 가르침을 받지 못했기 때문입니다. 예수께서 행하신 일들을 담은 이야기를 다시 들려주고 듣는 이들에게 가서 그와 같이 행하라고 권면하기는 그리 어렵지 않습니다. 그러나 이것이 하나님의 살아 있는 말씀에 기초한 설교의 목적은 아닙니다.[17] 복음, 곧 그리스도 케리그마는 동기를 불러일으키는 말 같은 것이 아닙니다. 몇몇 사람이 설교를 듣고 동기가 생겨 이런저런 전선에서 행동에 나선다면, 좋은 일입니다. 하지만 설교의 참된 목적은 그것이 아닙니다. 하나님은 지금 여기서 말씀하십니다. 복음의 메시지는 그 메시지와 더

 

불어 '살아 계신 말씀이신 예수 바로 그분'의 임재, 이니 살아 움직이며 능력으로 충만한 그분의 임재를 가져옵니다.[18]

　　설교의 결말은 그 안에 궁극의 무언가를 담고 있어야 합니다. 누군가의 생명이 그 결말에 달려 있을지도 모릅니다. 설교자가 말씀에 거할 때 하나님은 어느 순간에나 설교를 듣는 이들에게 행하실 수 있으며, 그 말씀은 하나님의 은혜로 말미암아 그들 자신이 아닌 다른 무언가를 위한 통로가 됩니다. 사도 바울이 "내가 아니라 내 안에 사시는 그리스도"(갈 2:20, KJV)라고 주장한 것은 괜히 그런 것이 아닙니다. 우리가 이 말을 액면 그대로 읽으면, 바울이 의도하는 의미를 우리에게 분명히 전해 주지 않을 수도 있습니다. 필요한 것은 사람들에게 나누어 줄 궁극의 무언가가 자신에게 맡겨졌다는 설교자의 명백한 확신입니다. 이 시대 설교자의 생생한 소명은 저 기록된 말씀 안에 거하면서 언제라도 분출할 준비를 하고 있는 예수 그리스도의 살아 계신 실재에 관하여 무언가를—설교자의 말이 아니라, 그 말 **속에** 그리고 그 말 **너머에** 존재하시는 그리스도를—전하는 것입니다. 목사들은 시간이 지나는 동안 그들의 회중이 선포된 설교에서 그런 것을 기대하도록 가르칠 수 있습니다. 그 반대도 참이며 바람직합니다. 저는 회중이 그들 자신의 희망과 기대를 통해 그들 목사의 설교를 어떻게 끌어올릴 수 있는지 보았습니다.

이것이 참이라면, 한 설교의 결말은 설교자에게 또 다른 무언가를, 곧 예수 자신이 사람들에게 거부당하셨듯이 거부당할 가능성을 마주할 용기를 틀림없이 요구할 것입니다. 오늘날 미국에서는, 특히 교회에 다니지 않는 사람들이 아주 많은 곳에서는, 성서를 설교하는 이에게 요구되는 복음 전도의 열정을 누그러뜨리려는 유혹을 받습니다. 그러나 이것은 말씀(the Word)을 배신하는 것입니다. 사도들의 설교와 복음서 기자들의 글을 보면 위축됨도 없고 두려워함도 없으며, 문화와 타협하는 모습도 없습니다. 구약과 신약 성서는 다른 어떤 글에서도 볼 수 없는 방식으로 명령합니다. 칼 바르트는 "성서라는 이상한 신세계"와 그것을 우리가 갖고 있는 어떤 범주에 맞추기를 거부함에 관하여 유명한 글을 썼습니다.[19] 문학비평가 노스럽 프라이는 『성서와 문학』(*The Great Code*)에서 비슷한 일을 하면서, 철저히 새로운 성육 세계를 창조해 내는 성서의 힘을 강조했습니다.[20]

이런 일이 어떻게 일어나는기 보려면, 초기 교회가 보존하고 소중히 여겼던 제자들의 기억을 떠올리는 것만큼 좋은 방법이 없습니다. 공관복음이 모아놓은 내러티브 덩어리들을 보면, 예수를 따르는 이들 가운데 누구 하나도 좋은 인상을 주지 않습니다. 저는 앞서 예수께서 어부들에게 "나를 따르라"고 말씀하셨을 때, 그것이 단순히 초대가 아니었다고 주장했습니다. 어부들은 전혀 선택을 하지 않았습니다.[21] 그렇게 부름받은 이런저런 부류의 인간들이 그 자리에서 예수를 따랐습니다만, 그렇다고 그들이 하루아침에 바뀌지는 않았습니다. 그들은 두려웠을까요? 물론입니다. 그들은 잘못된 행동을 했을까요? 정녕 그들은 그랬습니다. 세상 말로 표현하면, 그들은 실패자였습니다. 그러나 부활 그리고 성령의 내려오심이 모든 것을 바꿔 놓았습니다. 하나님의 살아 계신 말씀인 예수 그리스도가 어떤 대적이 점령한 이 영역에 나타나심은, 또 다른 차원의 힘이 침공해 온 사건입니다. 이는 때로 "이 악한 시대"(갈 1:4)의 잔해 속에서 새로운 음성이 터져 나옴을 의미합니다. 그리하여 여러분과 저처럼 미숙하고 방향을 잃은 사자들조차, 비록 연약할지라도 믿음의 방패와 성령의 검으로 무장한 채 하나님의 뜻에 이끌려 전진하리라는 것입니다.

전통적인 아프리카계 미국인 교회들을 보면, 설교자가 설교의 결말로 나아가기 시작할 때—그 결말이란 것이 15분 또는 더 길게 이어질 수도 있습니다—회중 지체들이 이렇게 외치기 시작합니다. "우리를 데려가세요!" 만일 회중이 "우리를 데려가세요!"라고 외치면 여러분 설교의 결말도 더 신나지 않을까요? 뉴욕 그레이스 교회에서는 누구도 그리하지 않았습니다만, 저는 언제나 그것을 느낄 수 있었습니다. 잠깐이나마 하나님의 영역 속으로 옮겨 가려는 간절한 바람을 느꼈지요. 몽고메리 버스 보이콧* 동안에 참가자들이 벌인 대중 집회에 찾아온 초월의 순간들은, 지치고 짓밟힌 채 오랜 시련의 시간을 지나던 그 남녀들을 하루하루 지탱해 주었습니다. 폴란드를 보면, 자유 노조가 스탈린에 맞서 투쟁할 때 꾸준히 열린 미사가 흔들리는 영혼들에게 양식이 되었습니다. 어떤 미친 자가 마더 이매뉴얼 교회의 성서 공부 참가자들에게 총을 난사했을 때, 살

---

*　버스에서 흑인과 백인이 앉는 자리를 구별하는 인종차별에 항의하여 1955년 12월부터 다음해 12월까지 벌어진 저항 운동.

아남은 이들은 이미 준비가 되어 있었습니다. 그들은 이미 하나님의 전신 갑주를 입고 있었으며 앞으로 그들이 어떤 역할을 해야 할지 알았습니다.

하나님의 사람들이 이 시대를 살아가려면 이런 종류의 자양분이 필요합니다. 우리는 첫 그리스도인들, 사도들, 복음서 기자들의 음성을 들어야 합니다. 그들이 그들과 같은 시대를 살던 이들에게 한 말이 성서가 되었지요. 그들의 말은 위축되지 않았습니다. 그들의 말은 머뭇거리지 않았습니다. 그들의 말에는 두려움이 없었습니다. 오늘 우리도 오순절 날 모였던 이들에게 임했던 것과 같은 하늘의 불을 품고 그 말을 다시 들을 수 있기를 간절히 바랍니다.

**설교자들이여, 우리를 데려가세요!**

# 주

## 들어가는 말

1. Martin Luther, "A Brief Instruction on What to Look for and Expect in the Gospels," in Martin Luther, *Luther's Works*, ed. Jaroslav Pelikan and Helmut T. Lehmann, 55 vols. (St. Louis, Mo.: Concordia; Philadelphia: Fortress, 1958-1986), 35:123. 이후로 루터 전집을 인용할 때는 *LW* 뒤에 인용한 전집의 권과 페이지를 제시한다(예. *LW* 35:123).
2. Luther, "The Freedom of a Christian," in *LW* 31:346.
3. Karl Barth, *Church Dogmatics*, ed. G. W. Bromiley and T. F. Torrance, trans. G. W. Bromiley et al., 4 vols. in 13 pts. (Edinburgh: T & T Clark, 1936-1977), I/2, 253. (『교회 교의학』, 대한기독교서회)

## 첫 번째 강연: 역사하는 말씀으로 말미암아

1. Flannery O'Connor, "Novelist and Believer," in *Mystery and*

*Manners*, ed. Sally and Robert Fitzgerald (New York: Farrar, Straus and Giroux, 1969), 168.

2. 교회를 그리스도의 신부로 이해함은 어떤 성별을 전제한 관념이 아니었다. 그 이미지는 무엇보다 가지들이 영원히 그리스도라는 포도나무에 속해 있으며, 그분의 생명에 영원히 참여하는 존재로 만들어졌음을 전달하려고 만든 것이다.

3. 1980년대와 1990년대에 맨해튼의 그레이스 교회를 방문하여 설교한 이들은 때로(늘 그렇지는 않았다!) 청중이 그들에게 무엇을 기대하는지 알았기에 그들의 게임을 상당히 망치고 말았다. 흑인으로서 두 번째로 뉴욕 교구 부주교를 지낸 월터 데니스(Walter Dennis)는 설교하러 왔을 때 자신의 특별한 노력을 비밀로 숨기지 않았다! 우리는 이를 영광스럽게 느끼면서도, 그런 일이 언제나 모든 곳에서 일어나기를 소망했다.

4. William H. Willimon, *Conversations with Barth about Preaching* (Nashville: Abingdon, 2006), 120.

5. Flannery O'Connor, letter to Alfred Corn, June 16, 1962, in *The Habit of Being* (New York: Farrar, Straus & Giroux, 1979), 479.

6. 나는 미국 성공회 사람들이 예수의 이름을 언급도 하지 않으려고 얼마나 애썼는지 이야기한 농담이 있었던 때를 기억한다. 물론 그들이 성서나 성공회 기도서를 읽을 때는 예수의 이름을 읽어야 했다.

7. 나는 리지외의 성 테레즈(St. Thérèse of Lisieux, 1873-1897. 프랑스 수녀로서 맨발 가르멜회 소속이었다—옮긴이)가 이런 각도에서 연구한 것을 그의 일기에서 발견하고 놀랐다. 테레즈의 경우는 왠지 회피하는 것 같지는 않다.

8. *Confessing Jesus Christ: Preaching in a Postmodern World* (Grand

Rapids: Eerdmans, 2003)의 저자 데이비드 로즈와 나눈 대화.

## 두 번째 강연: 설교의 생명

1. 나는 특히 두 교수를 염두에 두고 있다. 제임스 샌더스(James Alvin
   Sanders, 미국 구약학자이자 사해사본 편집자 중 한 명—옮긴이)는 정경
   비평 과목을 하나 가르쳤으며, 브레버드 차일즈(Brevard Childs, 미
   국 구약학자이자 정경비평 개척자. 차일즈 자신은 정경비평이라는 말 대신
   정경적 접근법[canonical approach]이라는 말을 사용했다—옮긴이)의
   연구 결과를 제시했다. 그 수업은 내 모든 것을 바꿔 놓았다. 같은
   시기에 저명한 학자 레이먼드 브라운(Raymond E. Brown, 미국 신약
   학자—옮긴이)은, 나중에 그가 한 강의들에서 증언했듯이, 올브라
   이트 문하에서 훈련한 것을 철저히 다시 생각해 보는 과정을 밟고
   있었다(레이먼드 브라운은 존스홉킨스 대학교에서 박사 과정을 밟을 때,
   올브라이트의 지도를 받았다—옮긴이).
2. Annie Dillard, *Teaching a Stone to Talk*(New York: Harper & Row,
   1982), 40-41. (『돌에게 말하는 법 가르치기』, 민음사)
3. 댄 브라운이 일말이라도 진실했다면, 그의 책을 '레오나르도 코
   드'(*The Leonardo Code*)라 불렀을 것이다. '다빈치'는 '빈치 출신'이라
   는 뜻이며, 빈치는 한 고을이다. 다빈치는 성(姓)이 아니다.
4. Philip Gourevitch, *We Wish To Inform You That Tomorrow We Will
   Be Killed with Our Families: Stories from Rwanda*(New York: Farrar,
   Straus and Giroux, 1998), 48.
5. 변증학이 모더니스트의 프로젝트에 지나치게 의존하는 점은 오늘
   날 변증학이 안고 있는 문제 가운데 하나다. 변증학은 종종 성서의
   내용을 그것이 속하지 않은 합리주의의 격자 속에 억지로 밀어 넣

으려 한다.

6. 때로는 설교자에게 필요한 확신을 세워 주는 데 아주 도움이 될 수 있는 책이 합리주의 쪽에서 나오기도 한다. 나는 이를 과장하고 싶지 않지만, 때로는 성서의 기원에 관한 책을 읽는 것도 유익이 있다.

## 세 번째 강연: 설교자를 위한 묵시신학

1. 어느 회중도 거라사 지방의 귀신 들린 자에게 '급진적 포용'을 행할 수 없었을 것이다(막 5:1-20). 지지할 수 없을 정도로 회중의 생활을 방해하는 정신분열증과 경계성 인격 장애를 가진 사람들이 있다. 총을 쏘아 사람을 죽이는 자는 '철저히 쫓아내야' 할 것이다. 장차 오실 심판자만이 그런 귀신들을 몰아내실 수 있다. 교회가 선포하는 것은 교회 자신의 특질과 능력이 아니라 그분의 종말론적 승리다.

2. 기억은 교활하여 믿을 수 없다. 이 말이 내 친구 조 미첼에게서 직접 들은 말인지, 아니면 다른 누군가가 내게 인용한 말인지 확실히 기억은 나지 않는다. 어쨌든 그것은 그가 실제로 한 말이다.

3. 세례를 받는 사람과 세례 보증인은 세례 성약을 할 때 세상과 육과 마귀를 부인할 것을 요구받는다.

4. 이런 저술가 가운데 컬럼비아 대학교의 앤드루 델반코(Andrew Delbanco, 미국 역사와 미국인의 삶을 연구한 학자—옮긴이), 캘리포니아 대학교 산타 바버라 캠퍼스의 제프리 버튼 러셀(Jeffrey Burton Russell, 미국 역사가이자 종교학자—옮긴이), 전에 「타임」지와 함께 일했던 수필가 랜스 모로우(Lance Morrow)가 두드러진다.

5. Flannery O'Connor, "Novelist and Believer," in *Mystery and*

*Manners*, ed. Sally and Robert Fitzgerald(New York: Farrar, Straus and Giroux, 1969), 168.

6. Flannery O'Connor, letter to John Hawkes, November 20, 1959, in *The Habit of Being*(New York: Farrar, Straus and Giroux, 1979), 360.

7. 나는 바울이 에베소서를 쓰지 않았다고 생각하지만, 나를 가르친 교수 가운데 한 분인 폴 레만(Paul Lehmann)은 농담 반 진담 반으로 이렇게 말했다. "그가 쓰지 않았어도, 그가 썼어야 할 거야."

8. 나는 근래 '얇은 곳'(thin places, 하늘과 땅이 만나는 곳을 가리키는 말로 켈트 기독교에서 사용하는 은유—옮긴이)을 찾으려는 열풍을 염두에 두고 이 말을 쓴다. 지구상에 점령 세력의 존재에서 자유로운 곳이 있다고 생각하는 것은 한가로운 감상이다.

9. 이 위험한 젠더 정치 시대에 사탄을 왜 (she는 말할 것도 없고) **he** 라 부르는지 의문이 들 수 있다. 마귀의 이름은 군대(군단)이다(막 5:9). 따라서 사실은 **they**를 쓰는 것이 나을지도 모른다. 그러나 오롯이 한 마음으로 대적하는 프로젝트를 추진하는 인간 지성이라는 개념을 유지해야 하기에, 사탄을 부를 때는 **he**를 사용하는 것이 가장 좋은 선택이다.

10. 이 수수께끼를 충실히 다룬 글을 보려면, 내 책 *The Crucifixion*에 들어 있는 "The Descent into Hell"이라는 장을 참고하기를 독자들에게 일러 둔다. Fleming Rutledge, "The Descent into Hell," in *The Crucifixion*(Grand Rapids: Eerdmans, 2015), 365–461. (『예수와 십자가 처형』, 새물결플러스)

11. 이런 범주에 속하는 요한계시록 주석에는 조지프 맨지나(Joseph Mangina), 폴 미니어(Paul S. Minear), 엘리자베스 피오렌자(Elizabeth Schüssler Fiorenza), 윌리엄 스트링펠로우(Frank William

Stringfellow), 리처드 보컴(Richard Bauckham)이 쓴 주석이 있다.

12. 성구집에서는 요한계시록을 부활절 시즌에 배치해 두었다. 이것이 분명 잘못은 아니지만, 그래도 그런 배치는 요한계시록의 정치적 영향력을 축소하는 경향이 있다. 1970년대에 정치적 차원과 묵시적 차원을 성서의 깊이와 결합하여 큰 효과를 불러올 수 있었던 이들 가운데 특히 놀라운 두 사람이 윌리엄 스트링펠로우와 윌리엄 캠벨(William Campbell)이었다. 사람들은 특히 캠벨을 많이 놓친다.

13. 다른 무엇보다 바로 이런 이유 때문에 많은 구약학자들이 구약성서를 '히브리 성서'라 부르는 데 반대한다. 텍스트는 동일하지만, 무엇보다 중요하게도 배열이 다르다. 예언서가 구약 끝부분에 나오는데, 이는 메시아의 등장을 내다본다. 그런 점이 큰 차이를 만들어 낸다.

14. William H. Willimon, *Conversations with Barth on Preaching*(Nashville: Abingdon, 2006), 177.

15. 여기서 로마 가톨릭교회의 역할을 짚고 넘어가야 한다. 일부 변화가 일어나고 있고, 종종 아주 희망이 있어 보인다. 그러나 훨씬 더 많은 변화가 있어야 한다. 특히 가톨릭교회가 제시하는 사회적 가르침에는 프로테스탄트 신자들에게 가르침을 주는 것이 많기 때문이다.

16. 나는 지금 마크 저커버그가 사탄이라고 말하는 것이 아니다. 그러나 "절대 권력은 절대 부패한다."

17. 여기와 다른 곳에서는 구약에 기초한 설교도 신약에 기초한 설교만큼이나 위엄이 있고 계시를 전하는 것이어야 한다는 것을 유념하는 것이 중요하다. 삼위 하나님이 설교자가 소상히 전하는 하나님 말씀의 모든 본문에서 살아 활동하시고 강하게 이끄신다는 설

교자의 확신을 삼위일체 신학이 뒷받침하고 앞으로 나아가게 해
줄 것이다.

18. 나는 종종 설교에 대한 가장 좋은 반응은 모든 사람이 무릎을 꿇거
나 일어서는 것이라고 생각했다. 만일 설교 뒤에 갈채가 따른다면,
나는 그 설교가 실패했다고 본다.

19. Karl Barth, "The Strange New World in the Bible," in *The Word
of God and the Word of Man*, trans. Douglas Horton(Gloucester,
Mass.: Peter Smith, 1978), 28-50.

20. Northrop Frye, *The Great Code: The Bible and Literature*(New York:
Harcourt Brace Jovanovich, 1982). (『성서와 문학』, 숭실대학교출판부)

21. 세리 마태가 제자로 부름받는 장면을 표현한 카라바조의 유명한
그림을 보면, 그런 일을 하는 한 무리가 돈을 세는 테이블 주위에
앉아 있다. 예수는 그들 가운데 오로지 마태에게만 명령하는 모습
으로 등장하신다. 마태는 자신을 가리키며 "누구요, 나요?"라고 말
하는 것 같다. 예수는 한 손으로 마태를 향해 손짓하면서도 그분
의 발은 이미 문을 향하고 있다. 그분이 마태를 택한 것은 그의 특
별한 '인간 잠재력'을 보셨기 때문일까? 성서 내러티브 전체는 결
코 그렇지 않다는 대답을 되울려 준다. 모든 능력은 하나님의 손
안에 있다. 드물기는 하지만 예수께서 명령하지 않고 초대하시는
경우도 있다. "큰 재산을 갖고 있어서"(마 19:22, ESV) 결국 돌아간
젊은 부자 관원의 경우가 그 예다. 마치 예수께서 지켜보는 제자
들에게 세상의 부가 던지는 유혹이 얼마나 강력할 수 있는지 보여
주고 싶어 하시는 것 같다. 하나님의 궁극의 목적이 인간의 거부
로 말미암아 퇴짜 맞을 수 있음을 일러 주는 곳은 성서 어디에도
없다.

# 옮긴이의 말

복음을 전하는 이는 오직 주만 바라봐야 하고 그가 전하는 메시지는 그리스도의 복음이어야 한다는 요구는, 비단 종교개혁 때만 아니라 그보다 훨씬 전에 사도들도 호소한 것이었습니다. 그러나 오늘도 여전히 그런 요구와 호소가 이 책이 담고 있는 강연을 통해 절실히 울려 퍼지는 것을 보면, 왜 그것이 오늘날까지 이어져야 하는지 생각해 보게 됩니다.

　말씀을 선포하는 자리에서 오랜 세월을 보낸 한 사제가, 자신과 같은 길을 걸어갈 이들에게 마치 자기 삶의 마지막 말을 전하듯이 매섭고 진지한 진단과 간곡한 호소를 남겼습니다. 분량이 얼마 되지 않아 원론 같은 충고처럼 들릴지 모르지만, 에두름 없이 정곡을 찔러 이야기한 것이

기에 긴말이 필요하지 않았을지도 모릅니다. 명징한 저자
의 처방이 원론처럼 들린다면, 이제 그 처방의 각론은 말
씀을 섬기는 자리에서 살아가는 우리 한 사람 한 사람이
뒤이어 써나가면 되겠지요. 오히려 참된 복음 선포는 삶
자체에 있다 했으니, 우리 삶으로 저자의 호소에 답하면
될 것입니다. 저자는 복음이 변질됨 없이 순전하게 선포되
고, 그런 복음을 선포하는 이들이 말씀의 역사를 확신하기
를 열망합니다. 메마른 호소처럼 들리고 이 시대를 모르는
노사제의 헛된 저항처럼 보일지 모르나, 저자의 말대로 말
씀이 역사하고 성령이 역사한다면, 이 시대에도 우리 심령
이 다시 뜨겁게 변하는 기적이 일어나리라 믿습니다.

　　이 책은 누구보다 말씀을 섬기는 자들을 대상으로 삼
고 있습니다. 말씀을 섬기는 자로 살아감은 세상의 영광과
아름다움을 일부러 등지는 것인지도 모릅니다. 그러기에
그 길로 가겠다고 서원했을지라도, 사람의 힘과 뜻으로 그
길을 감당하기는 정말 내키지 않고 어려울 것입니다. 진정
성령의 인도하심과 위로가 없다면 그 길을 갈 수 없겠지
요. 성령의 인도하심과 위로가 자신에게 임할지 확신하지
못하는 이들에게 저자와 같은 선배의 진솔한 충고는 든든

한 격려가 됩니다. 이 책이 그런 격려이자 권면이 되기를
바랍니다.

　짧은 책이지만 진중하고 무게 있는 글이라 번역하기
가 쉽지 않았습니다. 좋은 책을 번역할 기회를 준 복 있는
사람 박종현 대표님과 부족한 번역을 다듬고 마무리해 준
이현주 편집자님, 이경훈 팀장님에게 감사드립니다. 오랜
만에 울림이 있는 책을 만나 참 좋았습니다.


2026년 2월

옮긴이 박규태